中央高校基本科研业务费专项资金资助项目
Fundamental Research Funds for the Central Universities
中央财经大学科研创新团队支持计划
国家自然科学基金项目"过度自信理论与内幕交易研究"（批准号：11301563）

金融市场中的内部交易、信息公开及股权激励理论分析

周德清　等著

中国财经出版传媒集团
经济科学出版社
Economic Science Press

图书在版编目（CIP）数据

金融市场中的内部交易、信息公开及股权激励理论分析/
周德清等著. —北京：经济科学出版社，2018.6
ISBN 978 - 7 - 5141 - 9526 - 2

Ⅰ.①金…　Ⅱ.①周…　Ⅲ.①金融市场 - 研究
Ⅳ.①F830.9

中国版本图书馆 CIP 数据核字（2018）第 158286 号

责任编辑：王　娟　程辛宁
责任校对：蒋子明
责任印制：邱　天

金融市场中的内部交易、信息公开及股权激励理论分析
周德清　等著
经济科学出版社出版、发行　新华书店经销
社址：北京市海淀区阜成路甲 28 号　邮编：100142
总编部电话：010 - 88191217　发行部电话：010 - 88191522
网址：www. esp. com. cn
电子邮件：esp@ esp. com. cn
天猫网店：经济科学出版社旗舰店
网址：http://jjkxcbs. tmall. com
北京季蜂印刷有限公司印装
710×1000　16 开　6.75 印张　150000 字
2018 年 12 月第 1 版　2018 年 12 月第 1 次印刷
ISBN 978 - 7 - 5141 - 9526 - 2　定价：32.00 元
（图书出现印装问题，本社负责调换。电话：010 - 88191510）
（版权所有　侵权必究　打击盗版　举报热线：010 - 88191661
QQ：2242791300　营销中心电话：010 - 88191537
电子邮箱：dbts@ esp. com. cn）

前　言

内幕交易在金融市场中广泛存在，已经构成了严重影响市场公平性和经济稳定性的重要因素。我国金融市场与发达国家相比，监管制度和市场发展尚不完善，因此，我国的金融市场内幕交易现象尤其严重。虽然内幕交易的数据是难以获得的，然而这并不影响我们使用理论分析工具进行一些理论分析。实际上，与国外先进的实证金融学科的发展相比，这样可以发挥我们国内金融专业的比较优势。

本书是建立在四篇工作论文和一篇发表在经济通讯（Economics Letters）的文章基础之上的。包含了我们课题组在金融市场内幕交易领域最新的一些研究成果。在本书中，我们使用微观经济学理论、博弈理论、行为金融理论等工具，研究内幕交易的产生及其对市场宏观和微观结构各个方面的影响。

本书的五个章节的内容均是研究内幕交易相关问题的，使用的分析方法也具相似性，然而，每一个章节选取的研究角度不尽相同。第1章，我们对比了非理性的内部交易者和外部交易者的策略。内部交易者具有信息优势，外部交易者虽然具有较少的信息，但他们的非理性信念却有可能使得他们拥有更激进的交易策略，从而在竞争中获得主动权，弥补他们的信息劣势。第2章，我们仍然关注非理性的交易者。本章的研究借助了一个动态模型，也即第一期的交易会对第二期交易产生影响。此外，在本章中我们还研究了信息内生化的问题。第3章则从市场规则角度研究了内幕交易。研究动机是这样的：无论在美国还是在中国，金融市场中总是有很多信息公开相关的法规用以避免或减弱内幕交易的影响。于是我们考察了在信息公开法案存在的环境里，当内幕交易者的信息有可能泄露给其他人时的内幕交易及其影响。第4章，我们考虑了不同经济体之间的价格波动传染的微观模型，这种做法不同于只研究宏观金融表现的很多文章。我们是从微观出发，获得一些宏观经济现象的。我们的研究有助于找到金融危机等严重的宏观现象背后的微观基础。第5章同时研究了实体经济和金融市场两个不同的经济市场。这两个市场相互影响，作为公司的经理人，既要关心实体经济，也要关心虚拟的金融市场表现。作为公司股东，可通过设计一个合同，以达到委托代理问题中的激励相容的效果。如何设计奖励机制，使得公司的经理人不去从事或者尽量减少内幕交易，这是一个很有意义的研究问题。

虽然本书属于理论研究的范畴，但是我们的研究成果与实证结果是有密切联系的。在每篇文章中，我们的研究成果是从理论推导得出来的，但结果的分析是会与实际市场紧密联系的。这避免了从理论到理论的局限。本书比较重要的研究结果包括：内部人可以从金融市场中赚取高额利润；非理性信念对市场结果影响巨大；公开信息或者信息泄露可以增强市场有效性；基于信息的内部交易可以解释金融危机；公司经理人参与内部交易的行为需要通过合适的激励合同进行约束。这些结论既具有重要的理论价值，也具有一定的现实指导意义。

本书的不足之处在于，我们只是引用了其他实证学者的结果，并没有直接做实证。在未来的工作中，我们会尝试在理论模型后面直接做些实证方面的验证。另外，本书的大部分内容，都是取自我们的工作论文，这些论文最初都是用英文表述的，由于时间仓促，翻译过程中出现一些表述问题在所难免，在此表示歉意。

本书的其他作者包括：张佩成、刘派、谷豆豆、王一雯、张悦、吴星辉。

本书的出版感谢中央财经大学学术著作基金，金融学院卓越学术人才培养项目，中央财经大学科研创新团队支持计划以及国家自然科学基金项目"过度自信理论与内幕交易研究"（批准号：11301563）的支持。

目 录

第 1 章

内部交易者、外部交易者及过度自信信念

本章分析了基于福斯特和维斯瓦纳坦（Foster & Viswanathan，1994）的一个策略交易模型，并从中研究了内部交易者和外部交易者的过度自信信念对于均衡结果的影响。我们发现内部交易者以及外部交易者的过度自信信念都会导致更加稳定的市场、更积极的知情交易以及更有效的信息传输——包括从完全知情者到不完全知情者和知情者到不知情者之间的信息传输。同时，我们也提出了内部交易者应该完全理性而外部交易者应该为了高收益而稍微自信的观点。此外，过度自信信念也可以解释所观测到的高价格波动和高交易量现象。

1.1 引 言

在投机市场中，拥有内部信息渠道的交易者总是希望能够策略化地使用私有信息，从而获利。凯尔（Kyle，1985）的开创性工作关注了单个内部交易者的行为，他发现内部交易者会逐渐使用自己的内部信息且价格所反映出的信息是匀速增加的。霍顿和沙拔曼亚（Holden & Subrahmanyam，1992）研究了多个知道相同内部信息的交易者的情况，他们发现由于激烈竞争的存在，市价会很快地传达信息。在实体经济和金融市场中，私有信息的质量会存在差别，所以福斯特和维斯瓦纳坦（Foster & Viswanathan，1994）解决了当交易者所获得的信息不同他们会做出什么行为的问题。像凯尔（Kyle，1985）、霍顿和沙拔曼亚（Holden & Subrahmanyam，1992）一样，福斯特和维斯瓦纳坦（Foster & Viswanathan，1994）依然假设的交易者是理性的，但是大量的证据表明大部分人常常是过度自信的。因此，

本章的动机是探究非对称信息下的交易者如何进行交易以及这些非对称信息的交易者的行为如何对价格所包含的信息量、市场深度、价格波动性和市场交易量产生影响。

当有完整内部信息（内部交易者）和部分内部信息（外部交易者）的交易者过度自信时，做市商对于非对称信息问题的担忧将会被缓解，所以由做市商决定的流动性边际成本会相对较低。反过来，这又会促进内外部交易者所发出的知情交易，最终促进了信息从内部交易者到外部交易者和从有内部信息的人到无内部信息的人之间的传递。有趣的是，我们发现交易者不同的过度自信信念对于信息租金会有不同的效果，内部交易者的过度自信信念会通过损害自己的收益而使得外部交易者获得好处，但是外部交易者温和的过度自信信念充当了积极交易的证明，因此对本人有益而损害了他竞争者的利益。正如奥缇和泰罗克（Alti & Tetlock，2015）所说，过度自信信念对于解释所观察到的异常收益是十分重要的。奥丁（Odean，1998）以及柯和黄（Ko & Huang，1998）认为过度自信信念会降低风险调整后收益，然而凯尔和王（Kyle & Wang，1997）、赫什莱弗和罗（Hirshleifer & Luo，2001）、贝诺斯（Benos，1998）和贝纳尔吉等（Banerjee et al.，2015）认为交易者可以从过度自信信念中获益。我们发现结果取决于交易者拥有的是完整的还是部分的内部信息，这对于上面提到的争论给出了新的见解。

我们的发现对于异质性信念下的策略交易有许多推论，对于完整内部信息的交易者来说，最好保持理性以最大化利用他的信息优势，但对于持有部分内部信息的交易者来说，轻微过度自信可以成为好处。而对做市商来说，以上两种交易者都应该过度自信，从而促进信息揭露并降低流动性成本。因此，如果一位交易者相对别的知情交易者拥有更多信息的时候，他应当明确自己信息的准确度究竟有多高。但是如果一位交易者相对某些交易者所持有信息更少，他最好高估他非准确信息的准确程度。

1.2 模 型

一个风险资产在一位内部交易者、一位外部交易者和竞争性做市商之间进行交易，这个资产的基础价格 $\tilde{v}$ 为正态分布，其平均值为 p_0，先验方差为 σ_v^2，在统计学上的表示为 $\tilde{v} \sim N(p_0, \sigma_v^2)$。其基本价值满足 $\tilde{v} =$

$\tilde{\zeta} + \tilde{s} + p_0$，其中 $\tilde{s} \sim N(0, t_s \sigma_v^2)$ 且 $\tilde{\zeta}$ 独立于 $\tilde{s}$ 。

在我们的模型中，内部交易者相对外部交易者来说知道得更多且他们都会过度自信。具体来说，内部交易者可同时观察到 $\tilde{\zeta}$ 和 $\tilde{s}$，且他的主观信念为：

$$\tilde{v} = k_1 \tilde{\zeta} + \tilde{s} + p_0$$

其中，k_1^{-1} 代表了内部交易者的自信程度且 $k_1 = 1$ 说明内部交易者是理性的，当 $k_1 > 1$ 时，内部交易者过度自信，他认为信号包含了比实际更多的信息。同时，过度自信的外部交易者只能观察到信号 $\tilde{s}$ 并认为

$$\tilde{v} = \tilde{\zeta} + k_2 \tilde{s} + p_0$$

其中，k_2^{-1} 代表了外部交易者的自信程度，当 $k_2 > 1$ 时，外部交易者过度自信并认为信号较实际地包含了更多的信息。

在我们的模型设定中，内部交易者和外部交易者对于 $\tilde{v}$ 的分布持有不同的信念，且每个交易者对于 $\tilde{v}$、$\tilde{\zeta}$ 和 $\tilde{s}$ 的关系的信念是共同知识。所以我们奉行了"求同存异"的理念，从而避免了高阶信念所造成的复杂问题。

我们遵循了福斯特和维斯瓦纳坦（Foster & Viswanatha，1994）的交易流程，其中有两个阶段——阶段 0 与阶段 1。内、外部交易者在阶段 0 被告知内部信息，与此同时，内、外部交易者会分别自发地发起交易订单 $\tilde{x} = X(\tilde{\zeta}, \tilde{s})$ 和 $\tilde{y} = Y(\tilde{s})$，依据他们所持有的信息和上面提到的信念来最大化自己的主观利润。同时，噪声交易者会提交外生累计交易订单 $\tilde{u} \sim N(0, \sigma_u^2)$。我们假设所有的随机变量 $\tilde{\zeta}$、$\tilde{s}$、$\tilde{u}$ 都相互独立。做市商能够观察到总订单量 $\tilde{w} = \tilde{x} + \tilde{y} + \tilde{u}$ 并由此定价为 $\tilde{p} = P(\tilde{w})$。在阶段 1，$\tilde{v}$ 将被宣布。

我们使用 π_i 和 π_o 来分别表示内部交易者和外部交易者的收益，使用 $E_{k_1}(\cdot \mid \cdot)$、$E_{k_2}(\cdot \mid \cdot)$ 和 $E(\cdot \mid \cdot)$ 来分别表示内部交易者、外部交易者以及正确（理性）信念下的条件期望。

均衡由内部交易者和外部交易者的交易策略以及做市商的定价策略 (X, Y, P) 组成，因此以下两个条件存在：

（1）利润最大化。对于任何别的内部交易者交易策略 X' 和外部交易者交易策略 Y' 而言，都有：

$$E_{k_1}(\pi_i(X, P) \mid \tilde{\zeta}, \tilde{s}) \geq E_{k_1}(\pi_i(X', P) \mid \tilde{\zeta}, \tilde{s}),$$
$$E_{k_2}(\pi_o(Y, P) \mid \tilde{s}) \geq E_{k_2}(\pi_o(Y', P) \mid \tilde{s})$$

（2）市场半强有效。在半强有效市场中：

$$P(\tilde{w}) = E[\tilde{v} \mid \tilde{x} + \tilde{y} + \tilde{u}]$$

我们关注于凯尔（Kyle，1985）采用的线性纳什均衡，其中做市商在交易发生前诚实公布价格改进方式即所观察到的 $\tilde{w}$ 的线性方程。

1.3 均　　衡

定理 1 给出了模型的贝叶斯纳什均衡。

定理 1： 当 $1 \leqslant k_1$，$k_2 < 2$，唯一的贝叶斯纳什均衡对任何的 $t_s \in [0, 1]$ 都成立，均衡可以被表示为：

$$\tilde{x} = a + \beta \tilde{\zeta} + \theta \tilde{s}$$
$$\tilde{y} = b + \delta \tilde{s}$$
$$\tilde{p} = c + p_0 + \lambda \tilde{w}$$

其中，参数 a，b，c，β，θ，δ 和 λ 都可以由以下常数表示：

$$a = b = c = 0 \tag{1.1}$$

$$\beta = \frac{k_1}{2\lambda} \tag{1.2}$$

$$\theta = \frac{2 - k_2}{\lambda(4 - k_2)} \tag{1.3}$$

$$\delta = \frac{k_2}{\lambda(4 - k_2)} \tag{1.4}$$

$$\lambda = \frac{\sigma_v}{\sigma_u} \sqrt{\frac{1}{4} k_1 (2 - k_1)(1 - t_s) + \frac{4 - 2k_2}{(4 - k_2)^2} t_s} \tag{1.5}$$

证明见本章附录。

评价：$1 \leqslant k_1$，$k_2 < 2$ 意味着内、外部交易者都较自信但不太过自信，假设这个条件在本章中一直存在，由式（1.2）、式（1.3）和式（1.5）可以得到 $\beta > 0$、$\theta > 0$，这意味着内部交易者积极地使用独有的和公有的内部信息进行交易。式（1.4）说明 $\delta > 0$，这意味着外部交易者通过使用公有内部信息来与内部交易者进行竞争。此外，我们发现内、外部交易者的信念会影响到均衡，具体来说我们有以下的发现：

命题 1

$$\frac{\partial \lambda}{\partial k_1} < 0, \quad \frac{\partial \lambda}{\partial k_2} < 0, \quad \frac{\partial \beta}{\partial k_1} > 0, \quad \frac{\partial \beta}{\partial k_2} > 0, \quad \frac{\partial \theta}{\partial k_1} > 0, \quad \frac{\partial \theta}{\partial k_2} < 0, \quad \frac{\partial \delta}{\partial k_1} > 0, \quad \frac{\partial \delta}{\partial k_2} > 0$$

证明见本章附录。

评论：当 k_1 增加时，即内部交易者变得更加过度自信时，λ 减少，β 增加，θ 增加，δ 增加。也就是说，首先市场深度（由 λ^{-1} 表示）增加，这又会导致内、外部交易者在现价比他们的估计值更低（高）时更少担心他们的交易将价格推得过高（低）。最终，他们会更加积极地依赖所得到的信息进行交易。当 k_2 增加时也有相同的结果。

此外，我们分析了代表对于普通投资者的潜在风险的价格波动性。

命题 2

$$\mathrm{var}(p - p_0) = \left[\frac{k_1}{2}(1 - t_s) + \frac{2}{4 - k_2}t_s\right]\sigma_v^2$$

它随着 k_1 和 k_2 的增大而增大。

证明见本章附录。

评价：许多的理论性论文发现内部交易者的过度自信信念会导致更不稳定的价格，例如，丹尼尔等（Daniel et al.，1998）、王（Wang，1998）、奥丁（Odean，1998）和周（Zhou，2012）的研究，但是其中并未有人发现外部交易者的过度自信信念也有同样的作用。

为了探究有多少的信息通过价格从有内部信息的交易者传递到了无内部信息交易者和从外部交易者传递到了内部交易者，释放信息的规模分别记作 I_p 和 I_o，定义如下：

$$I_p = \mathrm{var}(\tilde{v}) - \mathrm{var}(\tilde{v} \mid \tilde{p}), \quad I_o = \mathrm{var}(\tilde{v} \mid \tilde{s}) - \mathrm{var}(\tilde{v} \mid \tilde{p}, \tilde{s})$$

命题 3

$$I_p = \left(\frac{k_1(1 - t_s)}{2} + \frac{2}{4 - k_2}t_s\right)\sigma_v^2, \quad I_o = \frac{\left(\left(\frac{k_1}{2\lambda}\right)(1 - t_s)\sigma_v^2\right)^2}{\left(\frac{k_1}{2\lambda}\right)^2(1 - t_s)\sigma_v^2 + \sigma_u^2}$$

$$\frac{I_p}{\partial k_1} > 0, \quad \frac{I_p}{\partial k_2} > 0, \quad \frac{I_o}{\partial k_1} > 0, \quad \frac{I_o}{\partial k_2} > 0$$

证明见本章附录。

因此，内部交易者或外部交易者更加自信时，从知情交易者传递到非知情交易者和从内部交易者传递到外部交易者的信息都会增加。实际上，当内部交易者或外部交易者过度自信时，他们所导致的积极交易包含了更多关于风险资产价格最佳估计的信息。

接下来，我们考虑了内部交易者和外部交易者均衡状态的利润（在正确的信念下）。

命题 4

在均衡中，事前期望收益分别为：

$$E[\pi_i] = \frac{\left[k_1(2-k_1)(1-t_s) + \left(\frac{2-k_2}{4-k_2}\right)^2 t_s\right]\sigma_v\sigma_u}{\left[\frac{1}{4}k_1(2-k_1)(1-t_s) + \frac{t_s(4-2k_2)}{(4-k_2)^2}\right]^{1/2}}$$

$$E[\pi_o] = \frac{k_2(2-k_2)t_s\sigma_v\sigma_u}{(4-k_2)^2\left[\frac{k_1(2-k_1)(1-t_s)}{4} + \frac{t_s(4-2k_2)}{(4-k_2)^2}\right]^{1/2}}$$

它们满足：第一，$E[\pi_i]$ 随着 k_1 增加而减少，$E[\pi_o]$ 随着 k_1 增加而增加。第二，当 k_2 接近于 1 时，$E[\pi_i]$ 随着 k_2 增加而减少，$E[\pi_o]$ 随着 k_2 增加而增加，但是当 k_2 接近于 2 时，$E[\pi_i]$ 随着 k_2 增加而增加，$E[\pi_o]$ 随着 k_2 增加而减少。第三，$E[\pi_i] + E[\pi_o] = \lambda\sigma_u^2$ 且随着 k_1 和 k_2 增加而减少。

证明见本章附录。

评价：首先，内部交易者的非理性信念总是对自身的盈利有害而对外部交易者的盈利有利。事实上，内部交易者的非理性是针对垄断的私有信息的，所以只有内部交易者理性时，信息优势才可以最大地发挥作用。其次，当外部交易者更自信时，他可以获得更多收益而他的对手获得更少收益。实际上，非理性是积极交易的担保，所以它在双寡头博弈中充当了"先动优势"机制。然而，当外部交易者太多自信时，非理性信念对于收益能力的提高有害。最后，从经济整体的角度来看，过度自信信念会对知情交易者有害，而对不知情交易者有益。

现在，我们数字化地描绘了内部交易者和外部交易者的利润。假设 $\sigma_v = 1$、$\sigma_u = 1$ 以及 t_s 从 $0.1 \sim 0.9$，图 1.1 展示了内部交易者的利润 $E\pi_i$ 在不同的 t_s 下，随着自信水平 k_1、k_2 变化的图像。我们发现对于给定 k_2 的值，$E\pi_i$ 随着 k_1 增大而减少，但是当给定 k_1 时，随着 k_2 增大，$E\pi_i$ 先会下降然后上升。t_s 越大，此规律越明显。

图 1.2 展示了外部交易者利润 $E\pi_o$ 在不同的 t_s 下，随着自信水平 k_1、k_2 变化的图像。无论 k_2 取何值，k_1 增加时 $E\pi_o$ 始终增加，然而对于任意 k_1 取值，k_2 增加时 $E\pi_o$ 总会先上升再下降。k_1 更大时，方程 $E\pi_o(k_2)$ 的波动也会越大，尤其是在 t_s 很小的情况下。

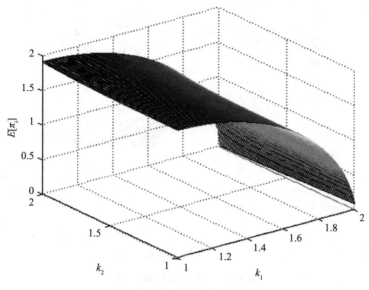

（a）内部交易者期望利润（t_s=0.1）

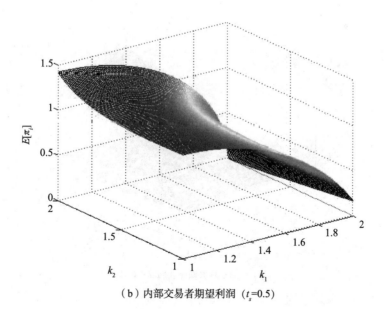

（b）内部交易者期望利润（t_s=0.5）

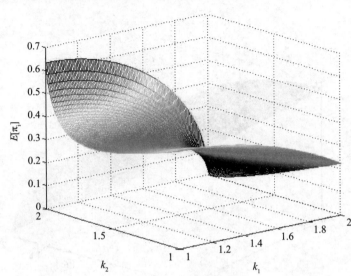

（c）内部交易者期望利润（$t_s=0.9$）

图 1.1　内部交易者期望利润

注：$E[\pi_i]$ 关于 k_1 和 k_2 的变化。

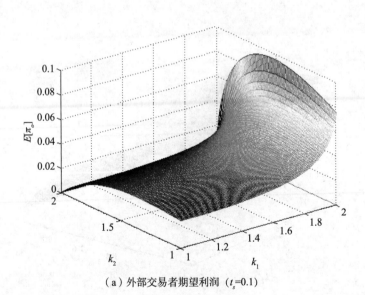

（a）外部交易者期望利润（$t_s=0.1$）

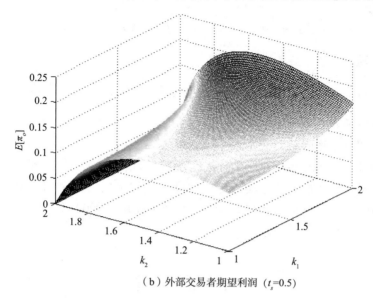

（b）外部交易者期望利润（t_s=0.5）

（c）外部交易者期望利润（t_s=0.9）

图1.2 外部交易者期望利润

注：$E[\pi_o]$ 关于 k_1 和 k_2 的变化。

最后，我们遵循阿德马蒂和帕弗里德（Admati & Pfleiderer，1988），定义市场交易量为：

$$Volume = \frac{1}{2}(E|x| + E|y| + E|u| + E|x+y+u|)$$

命题5

$$Volume = \sqrt{\frac{1}{2\pi}}(\sqrt{varx} + \sqrt{vary} + \sqrt{varu} + \sqrt{var(x+y) + varu}) \quad (1.6)$$

且它随着 k_1 和 k_2 的增加而增加。

证明见本章附录。

因此，内部交易者和外部交易者的过度自信信念都可以解释所观察到的高交易量。我们的结论也与奥丁（Odean，1998）、加百列和萨克维克斯（Caballé & Sákovics，2003）、斯塔曼（Statman，2006）以及周（Zhou，2011）所得到的结论一致。

1.4　结　　论

本章刻画了过度自信内部交易者和外部交易者的最优策略，他们其中一人过度自信时，都会存在较理性情况下更多的交易。我们发现内部交易者的过度自信对自身有害而对外部交易者有利。与之相反，外部交易者的温和过度自信信念对自身利润的提升有利，而对内部交易者的利润不利。此外，过度自信信念会提升市场深度、价格波动性、知情交易剧烈程度和市场交易量，并促进信息传递。

1.5　附　　录

（1）定理1证明

首先，内部交易者在他的信息和信念下，收入的条件期望为：

$$E_{k_1}[(\tilde{v} - \tilde{p})\tilde{x} \mid \tilde{\zeta}, \tilde{s}]$$
$$= E_{k_1}[(\tilde{v} - (p_0 + c + \lambda(\tilde{x} + \tilde{y} + \tilde{u})))\tilde{x} \mid \tilde{\zeta}, \tilde{s}]$$
$$= (k_1\tilde{\zeta} + \tilde{s} - (c + \lambda(\tilde{x} + \tilde{y})))\tilde{x}$$

它的一阶条件有：

$$\cdot \tilde{x} = \frac{k_1\tilde{\zeta} + \tilde{s} + c - \lambda\tilde{y}}{2\lambda} = \frac{k_1\tilde{\zeta} + (1-\lambda\delta)\tilde{s} - c - \lambda b}{2\lambda} \quad (1.7)$$

且由二阶条件，$\lambda \geqslant 0$。同样的，外部交易者利润的条件期望满足：

$$E_{k_2}\left[\left(\tilde{v} - \tilde{p}\right)\tilde{y} \mid \tilde{s}\right]$$
$$= E_{k_2}\left[\left(\tilde{v} - \left(p_0 + c + \lambda\left(\tilde{x} + \tilde{y} + \tilde{u}\right)\right)\right)\tilde{y} \mid \tilde{s}\right]$$
$$= \left(k_2\tilde{s} - c - \lambda\left(E_{k_2}\left[\tilde{x} \mid \tilde{s}\right] + \tilde{y}\right)\right)\tilde{y}$$

由一阶条件，我们可以得到：

$$\tilde{y} = \frac{k_2\tilde{s} - c - \lambda E_{k_2}\left[\tilde{x} \mid \tilde{s}\right]}{2\lambda} = \frac{(1 - \lambda\theta)k_2\tilde{s} - c - \lambda a}{2\lambda} \tag{1.8}$$

从式（1.7）和式（1.8）中，有：

$$a = b = -\frac{c}{3\lambda}, \quad \beta = \frac{k_1}{2\lambda}, \quad \theta = \frac{2 - k_2}{\lambda(4 - k_2)}, \quad \delta = \frac{k_2}{\lambda(4 - k_2)} \tag{1.9}$$

现在，市场半强有效条件说明存在：

$$E\left[\tilde{v} \mid \tilde{w}\right] = E\left[\tilde{v} - p_0 \mid \frac{k_1}{2\lambda}\tilde{\zeta} + \frac{2}{\lambda(4 - k_2)}\tilde{s} + \tilde{u}\right] + p_0 = \lambda\left(\tilde{w} + \frac{2c}{3\lambda}\right) + p_0$$

其中

$$\lambda = \frac{\dfrac{k_1}{2\lambda}(1 - t_s)\sigma_v^2 + \dfrac{2}{\lambda(4 - k_2)}t_s\sigma_v^2}{\left(\dfrac{k_1}{2\lambda}\right)^2(1 - t_s)\sigma_v^2 + \left[\dfrac{2}{\lambda(4 - k_2)}\right]^2 t_s\sigma_v^2 + \sigma_u^2}$$

因此，当 $k_1, k_2 \in [1, 2)$ 时，存在：

$$\lambda = \frac{\sigma_v}{\sigma_u}\sqrt{\frac{k_1(2 - k_1)(1 - t_s)}{4} + \frac{4 - 2k_2}{(4 - k_2)^2}t_s}$$
$$c = 0 \tag{1.10}$$

最后，从式（1.9）和式（1.10）中，我们可以得到 $a = b = 0$。

（2）命题 1 证明

令 $l = \dfrac{k_1(2 - k_1)(1 - t_s)}{4}$，因为 $\dfrac{\partial\lambda}{\partial l} > 0$，所以：

$$\frac{\partial\lambda}{\partial k_1} = \frac{\partial\lambda}{\partial l}\frac{(2 - 2k_1)(1 - t_s)}{4} < 0$$

接下来，由式（1.2）可得 $\dfrac{\partial\beta}{\partial k_1} > 0$，由式（1.3）和式（1.4）分别可得 $\dfrac{\partial\theta}{\partial k_1} > 0$ 和 $\dfrac{\partial\delta}{\partial k_1} > 0$。

同样的，令 $r = \dfrac{4 - 2k_2}{(4 - k_2)^2}t_s$，又因为 $\dfrac{\partial\lambda}{\partial r} > 0$，所以有：

$$\frac{\partial \lambda}{\partial k_2} = \frac{\partial \lambda}{\partial r} \frac{2k_2}{(-4+k_2)^3} t_s < 0$$

因此，由不等式（1.2）可得 $\frac{\partial \beta}{\partial k_2} > 0$，最后，由式（1.3）和式（1.4）可得：

$$\frac{\partial \theta}{\partial k_2} = -\frac{\sigma_v}{\sigma_u} \frac{\frac{1}{2}k_1(2-k_1)(1-t_s)+t_s}{(4-k_2)^2 \left[\frac{1}{4}k_1(2-k_1)(1-t_s)+\frac{(4-2k_2)t_s}{(4-k_2)^2}\right]^{3/2}} < 0$$

$$\frac{\partial \delta}{\partial k_2} = \frac{\sigma_v}{\sigma_u} \frac{k_1(2-k_1)(1-t_s)+t_s}{(4-k_2)^2 \left[\frac{1}{4}k_1(2-k_1)(1-t_s)+\frac{(4-2k_2)t_s}{(4-k_2)^2}\right]^{3/2}} > 0$$

（3）命题 2 证明

由式（1.1）和 $\tilde{w}$ 的定义，我们可以得到：

$$\mathrm{var}(p-p_0) = \left(\frac{k_1}{2}\right)^2 (1-t_s)\sigma_v^2 + \left(\frac{2}{4-k_2}\right)^2 t_s \sigma_v^2 + \lambda^2 \sigma_u^2$$

$$= \left(\frac{k_1}{2}(1-t_s) + \frac{2}{4-k_2}t_s\right)\sigma_v^2$$

（4）命题 3 证明

由正态分布变量条件方差的性质，我们可以得到：

$$I_p = \mathrm{var}(\tilde{v}) - \mathrm{var}(\tilde{v} \mid \tilde{p}) = \frac{\mathrm{cov}^2(\tilde{v}, \tilde{p})}{\mathrm{var}(\tilde{p})}$$

$$= \frac{\left[\frac{k_1}{2}(1-t_s) + \frac{2}{4-k_2}t_s\right]^2 \sigma_v^4}{\left(\frac{k_1}{2}\right)^2(1-t_s)\sigma_v^2 + \left(\frac{2}{4-k_2}\right)^2 t_s \sigma_v^2 + \lambda^2 \sigma_u^2}$$

$$= \left(\frac{k_1(1-t_s)}{2} + \frac{2}{4-k_2}t_s\right)\sigma_v^2$$

$$I_o = \mathrm{var}(\tilde{v} \mid \tilde{s}) - \mathrm{var}(\tilde{v} \mid \tilde{p}, \tilde{s}) = \mathrm{var}(\tilde{\zeta}) - \mathrm{var}(\tilde{v} \mid \beta\tilde{\zeta} + \theta\tilde{s} + \delta\tilde{s} + \tilde{u}, \tilde{s})$$

$$= \mathrm{var}(\tilde{\zeta}) - \mathrm{var}(\tilde{\zeta} \mid \beta\tilde{\zeta} + \tilde{u}) = \frac{\mathrm{cov}^2(\tilde{\zeta}, \beta\tilde{\zeta} + \tilde{u})}{\mathrm{var}(\beta\tilde{\zeta} + \tilde{u})}$$

$$= \frac{\left[\left(\frac{k_1}{2\lambda}\right)(1-t_s)\sigma_v^2\right]^2}{\left(\frac{k_1}{2\lambda}\right)^2(1-t_s)\sigma_v^2 + \sigma_u^2}$$

显然，I_p 随着 k_1 和 k_2 的增大而增大，I_o 也随着 k_1 和 k_2 的增大而增大，因为 k_1/λ 随着 k_1 和 k_2 的增大而增大，这又因为 $1/\lambda$ 随着 k_1 和 k_2 的增大而增大。

（5）命题 4 证明

内部交易者和外部交易者的事前期望利润（在正确的信念下）分别满足：

$$E[\pi_i \mid \tilde{\zeta}, \tilde{s}] = E[(\tilde{v} - (\lambda(\tilde{x} + \tilde{y} + \tilde{u})))\tilde{x} \mid \tilde{\zeta}, \tilde{s}]$$

$$= \frac{1}{\lambda}\left(\frac{2-k_1}{2}\tilde{\zeta} + \frac{2-k_2}{4-k_2}\tilde{s}\right)\left(\frac{k_1}{2}\tilde{\zeta} + \frac{2-k_2}{4-k_2}\tilde{s}\right)$$

$$E[\pi_o \mid \tilde{s}] = E[(\tilde{v} - (\lambda(\tilde{x} + \tilde{y} + \tilde{u})))\tilde{y} \mid \tilde{s}] = \frac{1}{\lambda}\frac{k_2(2-k_2)}{4-k_2^2}\tilde{s}^2$$

且事前期望利润分别为：

$$E[\pi_i] = E[E[\pi_i \mid \tilde{\zeta}, \tilde{s}]]$$

$$= \frac{1}{\lambda}\left[\frac{k_1(2-k_1)}{4}E(\tilde{\zeta})^2 + \left(\frac{2-k_2}{4-k_2}\right)^2 E(\tilde{s})^2\right]$$

$$= \frac{\left[k_1(2-k_1)(1-t_s) + \left(\frac{2-k_2}{4-k_2}\right)^2 t_s\right]\sigma_u\sigma_v}{\left[\frac{1}{4}k_1(2-k_1)(1-t_s) + \frac{t_s(4-2k_2)}{(4-k_2)^2}\right]^{1/2}} \quad (1.11)$$

$$E[\pi_o] = E[E[\pi_o \mid \tilde{s}]] = \frac{1}{\lambda}\frac{k_2(2-k_2)}{(4-k_2)^2}E(\tilde{s})^2$$

$$= \frac{\frac{k_2(2-k_2)}{(4-k_2)^2}t_s\sigma_u\sigma_v}{\left(\frac{1}{4}k_1(2-k_1)(1-t_s) + \frac{(4-2k_2)t_s}{(4-k_2)^2}\right)^{1/2}} \quad (1.12)$$

由式（1.11）和式（1.12），我们可以得到：

$$E[\pi_i] + E[\pi_o] = \lambda\sigma_u^2 \quad (1.13)$$

由式（1.11），有

$$\frac{\partial E[\pi_i]}{\partial k_1} = \frac{(1-k_1)(1-t_s)\left[k_1(2-k_1)(1-t_s) + \frac{4(4-k_2^2)t_s}{(4-k_2)^2}\right]\sigma_u\sigma_v}{2\left[k_1(2-k_1)(1-t_s) + \frac{4(4-2k_2)t_s}{(4-k_2)^2}\right]^{3/2}} < 0$$

因此，$E[\pi_i]$ 随着 k_1 增加而减少，由式（1.12），显然 $E[\pi_o]$ 随着 k_1 增加而增加。

此外，由式（1.11）和式（1.12），可以得到：

$$\frac{\partial \pi_i}{\partial k_2}\bigg|_{k_2 \to 1} = -\frac{56 t_s^2 \sigma_v \sigma_u}{9\left[\left(18k_1 - 9k_1^2\right)\left(1 - t_s\right) + 8t_s\right]^{3/2}} < 0$$

$$\frac{\partial \pi_i}{\partial k_2}\bigg|_{k_2 \to 2} = \frac{2 t_s \sigma_v \sigma_u}{\left[\left(2 - k_1\right)k_1\left(1 - t_s\right)\right]^{1/2}} > 0$$

$$\frac{\partial \pi_o}{\partial k_2}\bigg|_{k_2 \to 1} = \frac{4 t_s \left(18k_1 - 9k_1^2 + 10t_s - 18k_1 t_s + 9k_1^2 t_s\right)\sigma_v \sigma_u}{9\left(18k_1 - 9k_1^2 + 8t_s - 18k_1 t_s + 9k_1^2 t_s\right)^{3/2}} > 0$$

$$\frac{\partial \pi_o}{\partial k_2}\bigg|_{k_2 \to 2} = \frac{-\left(2 - k_1\right)k_1\left(1 - t_s\right)t_s \sigma_v \sigma_u}{\left[\left(2k_1 - k_1^2\right)\left(1 - t_s\right)\right]^{3/2}} < 0$$

由式（1.13），显然 $E[\pi_i] + E[\pi_o]$ 随着 k_1 或 k_2 的增加而减少。

（6）命题 5 证明

因为 $\tilde{x}$、$\tilde{y}$ 和 $\tilde{u}$ 均值为 0 且正态分布，式（1.6）成立，其中：

$$\mathrm{var}x = \beta^2\left(1 - t_s\right)\ \sigma_v^2 + \theta^2 t_s \sigma_v^2,\quad \mathrm{var}y = \delta^2 t_s \sigma_v^2$$

$$\mathrm{var}(x + y) = \frac{1}{\lambda^2}\left[\frac{k_1^2}{4} + \frac{4}{\left(4 - k_2\right)^2}t_s\right]\sigma_v^2$$

当 k_1 或 k_2 增加时，由命题 1 可得 β、θ 和 δ 都增加，而 λ 减少，很明显 $\mathrm{var}x$、$\mathrm{var}y$、$\mathrm{var}(x + y)$ 也会增加，因为 Volume 增加了。

第 2 章

动态市场中内幕交易者的非理性自信水平对市场的影响

本章建立了一个基于贝叶斯均衡基础之上的两期的连续动态交易模型来探讨在信息获取内生化条件下与信息外生化条件下，内部交易者非理性的自信水平会对市场的均衡结果产生什么样的影响。我们假设在信息获取内生化下，信息获取存在成本，内部交易者所获取信息只与其努力程度有关，内部交易者的非理性针对的是其对自身能力的高估和低估。在我们对模型进行了数据模拟后发现，内生化信息获取以后，各个参数随着自信水平变动的速度都会放缓，即由于信息获取成本的存在，内幕交易者的交易态度趋于冷静，不会对自己所获取信息产生之前那样的剧烈反应。但是在自信水平较低和过度自信的状况下，具体情况又有所区别。自信水平较低时，内生化信息获取的交易规模和信息释放量会大于外生的情况，而在过度自信的情形下则正好相反。究其原因，是由于在本章的假设下，自信水平由不自信变动到理性的过程中，努力程度的上升速度会很快，而在自信水平从理性变动到过度自信的过程中，努力水平的变动很缓慢，并且也不再单调。

2.1 引 言

凯尔（Kyle，1985）为研究连续拍卖和内幕交易做出了一个基准模型，假设了半强有效市场中有三类交易者，分别是拥有内幕信息的交易者、做市商和多个噪声交易者，并且这三类交易者都是理性的。凯尔发现市场的流动性，仅与市场中未释放的信息量（内部交易者的私有信息）和噪声交易者交易量的波动程度有关。市场中未释放的信息量越多，市场越不稳定；噪声交易者交易的波动程度越大的时候，越能够掩护内幕交易者的交易，从而减缓信息的释放。并且价格所反映出的信息量的释放有加快的趋势，这与内部交易者的交易强度相对变大是相对应的。凯尔（Kyle，1985）中考虑的是拥有内部信息的单个内部交易者如何最优地利用其垄断力量，他得出了如下结论：第一，内部交易者缓慢地进行交易，因此，信息以很慢的接近于线性的速度反映到价格中去；第二，交易连续进行时，市场深度为常数，不会随时间变动。然而凯尔对交易者做出的理性假设在现实中是不太可能存在的。一方面，内部交易者往往会因为比噪声交易者多了一些额外的信息而产生过度自信的心理；另一方面，内部交易者会根据自己以往交易经验的成功率来夸大或者看低自己所掌握的信息。丹尼尔（Daniel，1998）以及奥丁（Odean，1998）中都对在投资者过高地估计了其信息的准确性的情况下市场的均衡进行了理论上的推导。丹尼尔（1998）对于市场条件以及均衡价格的产生过程的定义与本章有所不同，但是与本章得到了一致的结论：过度自信的投资者在证券市场中会过度交易，进而导致过度的流动性。奥丁（Odean，1998）还对不同的市场参与者（做市商、普通交易者、内部交易者）的过度自信情况进行了研究，他发现参与者越过度自信，期望交易规模越大，会增加市场深度，减少过度自信交易者的期望效用水平，但是对价格和波动性的影响却是取决于过度自信的对象。凯尔（Kyle，1985）中假设只有一个参与者，所以不会存在参与者之间的分歧。霍顿和沙拔曼亚（Holden & Subrahmanyam，1992）中，将内幕交易者的个数扩展到同质的 M 个交易者，得到了与凯尔不同的结果，他们发现市场深度不再是常数，而是在初期很小，随着交易的进行慢慢地变大，并且当仅是当 $M=2$ 时，交易就几乎释放了全部的信息量，而在凯尔的模型中，只释放了一半的信息量。

然而，当市场中存在多个内部交易者时，各个内部交易者不一定是同质的。首先，他们可能有各自不同的性格和人生经历，所以他们对信息的解读也可能存在一定的分歧，从而不能保证其做出的决定完全是理性和客观的。克雷默（Kremer，2010）中假设市场中的投资者对公共信息有着不同的解释，结果发现，当投资者存在部分分歧时，交易规模和市场的波动程度有着正相关的关系；其次，他们可能对所有可获得信息的关注点不一样。例如，汉斯（Hans K. Hvide，2000）引入务实信念（pragmatic beliefs）的概念来解释过度自信的现象（所谓务实信念是指代理人只关注对自己有用的信息，想要最大化自己的回报）。他通过一个例子说明了有限理性在一个博弈中可能是内生的。在代理人形成的是务实信念且不考虑各种复杂的成本的时候，过度自信是一个均衡结果。红（Hong，2006）指出不同的投资者在了解资产价值的过程中会有不同的关注点，有限的关注点所产生的这种信息结构的内生化和过度自信相结合的话，就可以解释所观察到的收益的联动性。很多学者经过研究发现，实际交易中总是存在很高的交易规模和价格较高的现象，而在这样的情况下，过度自信才是资本市场中的均衡状态。格拉泽和韦伯（Glaser & Weber，2003）中对过高的交易量进行了研究，他们将其归为噪声交易、流动性交易（如禀赋上的冲击，获得捐赠或者是一些偶然事件的发生所造成的影响）和观念分歧（由于先入为主的信念或者是对公共信息不同的理解）导致的；斯塔特曼（Statman，2006）运用实证研究的方法，说明了交易行为是依赖于过去的市场收益率的，验证了现实中过度自信和投资者的处置效应（disposition effect）的存在。

周德清（2013）中假设，内幕交易者是非理性的，表现在其所获得的内幕信息不准确以及内幕交易者对自己所获得的信息的认知是不准确的。周德清（2013）中讨论了多期连续竞价交易下，市场深度、交易强度以及释放信息量等随时间和噪声交易者等因素的变动情况。还讨论了获取信息内生化的一期的情况。凯尔（Kyle，2011）中也研究了信息内生化时的情况，并且考虑了由于信息内生化所产生的信息获取的成本，探讨在一期交易的情况下内生化信息获取并考虑证券分离以后价格所反映的价值等因素的变动情况。他发现信息获取内生化以后，噪声交易者的增加反而会增加价格所反映的价值的信息量。这与之前的信息获取外生的情况所得出的结果是不同的。

本章的模型是在周德清（2013）之上的具体化和拓展。首先，我们的模型并没有在多期的时间跨度上来研究过度自信的影响，而是仅仅研究了两期的情况，即连续进行两期交易的内部交易者的交易策略，以及其交易行为对价格质量、交易规模、市场深度等因素的影响。一方面，可以更具体地展示过度自信的影响；另一方面，由于时间跨度很小（只考虑两期的情况），所以内部交易者的自信水平可以看作是不变的。其次，本章在第2.3节中将信息内生化纳入模型的考虑因素中，但是从一期延展至两期，探讨在内生化下交易者在不同交易期的策略与信息外生时有无差别。并且通过对比发现信息内生化以后各个研究对象随自信水平的变动而波动的幅度放缓。

2.2 基 准 模 型

2.2.1 模型建立及定义

本小节着眼于信息获取外生的一般情况下，内部交易者的自信水平在一个两期的动态交易过程中，其交易强度的变化，以及对市场深度、价格质量等因素的影响。下一小节我们会对信息获取的内生化情况进行探讨。

假设在这样的市场中存在三类参与者，分别是风险中性的做市商（不了解内部信息），存在不理性自信的内部交易者和多个风险中性的噪声交易者。其中，噪声交易者不具有任何内幕信息。内部信息交易者则由于对收益状况和自身能力的认知的偏差等原因，会高估或者低估内部信息的准确度，进而对其所持有的信息反映过度或不足。

记交易标的的真实内在价值为 v，$v \sim N(0, \sigma_v^2)$；记内幕交易者获得的内部价值的一个不准确的信号为 s，$s = v + \kappa\tau\sigma_v\varepsilon$，$\varepsilon \sim N(0, 1)$，且与 v 独立。τ 是准确性参数，用 τ^{-1} 来衡量内幕信息的准确程度，在其他量不变的情况下，τ^{-1} 越大准确程度越高，τ^{-1} 越小，准确程度越低。假设内部信息交易者与做市商对于信息的准确程度认知不同，也就是说，做市商对于资产价值的认知正确，即 $s = v + \sigma_v\varepsilon$，而内部信息交易者则认为资产价值 $s = v + \kappa\sigma_v\varepsilon$，$\kappa$ 是自信水平的参数，我们用 κ^{-1} 来衡量内幕交易者对于自己所获信息的自信程度，在其他量不变的情况下，κ^{-1} 越大，代表内部交易者越过度自信；κ^{-1} 越小，代表内部交易者越缺乏自信。

在两期交易中，内部交易者会根据其内部信息及其自信程度，选择能够使其利润最大化的交易量 $X_n(n=1, 2)$。与此同时，噪声交易者提交交易量的订单 $u_n \sim N(0, \sigma_u^2\Delta t_n)(n=1, 2)$。假设 u_1，u_2，v，ε 相互独立。做市商知道总交易量 $x_n + u_n(n=1, 2)$，但是无法知道内部交易者和噪声交易者各自的订单量。根据总订单量，做市商给资产定价 $P_n(n=1, 2)$。在下面的讨论中，$\pi_n(n=1, 2)$ 代表内部交易者从第 n 期交易中获得的利润，E_κ 和 cov_κ 各自代表内部交易者在其信心下的期望跟相关性。Σ_0、Σ_1 和 Σ_2 分别表示交易期初、第一期期末和第二期期末的未释放信息量。

下面我们给出均衡的定义：

整个市场处于精炼贝叶斯纳什均衡中，且各变量满足以下条件：

（1）利润最大化：内部交易者的交易量 x_1 和 x_2 满足以下表达式：

$$x_1 = \operatorname{argmax} E[\pi_1 \mid s, p_0] \quad x_2 = \operatorname{argmax} E[\pi_2 \mid s, p_0, p_1]$$

（2）半强有效市场：资产的价格 p_1，p_2 满足：

$$p_1 = E(v \mid x_1 + u_1), \quad p_2 = E(v \mid x_1 + u_1, x_2 + u_2)$$

我们接下来会用到的两个引理列示如下：

引理 1：

$$\operatorname{cov}(\tilde{s}, \tilde{v} - c_\kappa s) = 0$$

引理 2：

$$p_n = E(c_1 \tilde{s} \mid x_1 + u_1, x_n + u_n)$$

与凯尔（Kyle, 1985）中一样，我们采用线性均衡，这表明内部交易者在选取其最优策略时，是知道做市商的定价原则的，即他们知道做市商无法区分他们的交易量并且会根据他们提供的总交易量对标的资产进行合理的定价。

期初未释放的信息量 $\Sigma_0 = \sigma_v^2$，Σ_1 和 Σ_2 分别满足：

$$\Sigma_1 = \operatorname{var}(v \mid x_1 + u_1)$$
$$\Sigma_2 = \operatorname{var}(v \mid x_1 + u_1, x_2 + u_2)$$

2.2.2 均衡

在内部交易者看来，标的资产的基本价值为：

$$E_\kappa(v \mid s) = E_\kappa(v \mid v + \kappa \sigma_v \varepsilon) = \frac{1}{1 + \tau \kappa^2} s$$

$$E_\kappa(v \mid s) = c_\kappa s, \quad c_\kappa = \frac{1}{1 + \tau \kappa^2}$$

而内部交易者对标的资产价值的不确定性的估计表现为：

$$\operatorname{var}_\kappa(v \mid s) = \operatorname{var}_\kappa(v \mid v + \kappa \sigma_v \varepsilon) = \frac{\kappa^2 \sigma_v^2}{1 + \kappa^2} \leqslant \operatorname{var}(v \mid s) = \frac{\sigma^2}{2}$$

上式当且仅当 $\kappa = 1$，即内部交易者理性的时候，等号成立。这表明过度自信的内幕交易者会低估资产价值的不确定性。从直觉上来看这会导致在最后一期期末所释放的信息量减少，我们下面会通过模拟的方式对此进行验证。

定理 1： 在下面的等式中，$n = 1, 2$

$$x_n = \left[(1 + \gamma_n)\beta_n + \theta_n\right](c_1 s - p_{n-1}) + \theta_n p_{n-1} \tag{2.1}$$

$$p_n - p_{n-1} = \lambda_n(x_n + u_n) + h_n \tag{2.2}$$

$$H_n = \text{var}(c_1 s \mid x_1 + u_1, x_2 + u_2, \cdots, x_n + u_n) = (1 + \gamma_n)(1 - \lambda_n \beta_n) H_{n-1} \tag{2.3}$$

$$E_\kappa = \left[\sum \pi_i \mid p_1, \cdots, p_n \right] = \alpha_n (c_1 s - p_n)^2 + w_n p_n (c_1 s) + \varphi_n (c_1 s)^2 + \delta_n \tag{2.4}$$

$$\lambda_1 = \frac{\left[(1 + \gamma_1)\beta_1 + \Theta_1 \right]}{\sigma_u^2} H_1, \quad \lambda_2 = \frac{\left[(1 + \gamma_2)\beta_2 + \Theta_2 \right]}{\sigma_u^2} H_2 \tag{2.5}$$

$$\beta_1 = \frac{1 - 2\lambda_1 \alpha_1}{2\lambda_1 (1 - \alpha_1 \lambda_1)}, \quad \beta_2 = \frac{1}{2\lambda_2} \tag{2.6}$$

$$\Theta_1 = -\frac{\gamma_1}{\lambda_1}, \quad \Theta_2 = -\frac{\gamma_2}{\lambda_2} \tag{2.7}$$

$$h_0 = \gamma_1 p_0, \quad h_1 = \gamma_2 p_1 \tag{2.8}$$

$$\gamma_1 = 1 - c_\kappa c_1^{-1} - \lambda_1 \omega_1, \quad \gamma_2 = 1 - c_\kappa c_1^{-1} \tag{2.9}$$

$$\alpha_0 = \frac{(1 + \gamma_1)^2}{4\lambda_1 (1 - \alpha_1 \lambda_1)}, \quad \alpha_1 = \frac{(1 + \gamma_2)^2}{4\lambda_2} \tag{2.10}$$

$$\omega_0 = \omega_1 + \frac{(2 - c_\kappa c_1^{-1})\gamma_1}{\lambda_1}, \quad \omega_1 = \frac{(2 - c_\kappa c_1^{-1})\gamma_2}{\lambda_2} \tag{2.11}$$

$$\varphi_0 = \varphi_1 - \frac{\gamma_1}{\lambda_1}, \quad \varphi_1 = -\frac{\gamma_2}{\lambda_2} \tag{2.12}$$

$$\delta_0 = \alpha_1 \lambda_1^2 \sigma_u^2, \quad \delta_1 = 0 \tag{2.13}$$

$$\alpha_2 = \omega_2 = \varphi_2 = \sigma_2 - 0 \tag{2.14}$$

定理 2： 若令 $K = \dfrac{\lambda_2}{\lambda_1}$，则 K 满足下面的三次方程：

$$8K^3 - 4K^2(1 + \gamma_2) - 4K(1 + \gamma_2) + (1 + \gamma_2)^3 = 0 \tag{2.15}$$

我们可以用给 γ_2 赋值的方法对 K 进行求解，因此各参数表达式可写为：

$$\lambda_1 = \frac{\sqrt{2(K - \gamma_2)(2K - 1 - \gamma_2)H_0}}{\sigma_u [4K - (1 + \gamma_2)^2]}, \quad \lambda_2 = K\lambda_1 \tag{2.16}$$

$$\beta_1 = \frac{1}{\lambda_1} \frac{2K - (1 + \gamma_2)^2}{4K - (1 + \gamma_2)^2}, \quad \beta_2 = \frac{1}{2\lambda_2} \tag{2.17}$$

在求解使得内部交易者利润最大化的交易量 x_1 和 x_2 时，我们可以得到以下的二阶条件：

$$\lambda_1 > 0; \quad \lambda_1 (1 - \alpha_1 \lambda_1) > 0 \tag{2.18}$$

这两个条件成立是关于 K 的方程式成立的充要条件。

证明见本章附录。

下一部分我们将对均衡时不同的自信水平对各参数的影响进行数学模拟，来验证我们的直觉是否正确。

2.2.3 数值模拟及结果分析

给定 $\sigma_v^2 = 1$，$\sigma_u^2 = 1$，图 2.1 给出了 κ，K，λ_1 和 λ_2 之间的关系图像。

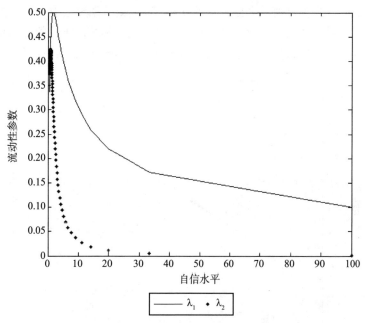

图 2.1 不同期间流动性与自信水平之间的关系

由图 2.1 可知：第一，λ_2 关于自信水平是单调递减的。交易者自信程度越大，市场流动性越大，市场深度变深，整个市场越稳定。这可以理解为内部交易者越自信，其交易倾向越大，这样信息释放的就会越多，从而需要市场进行的调整就越小。第二，λ_1 关于自信水平是不单调的。我们发现大概在 $\kappa = 0.2$ 左右的时候，λ_1 迅速地达到其极大值，之后随着自信程度的降低，其值有缓慢的下降。在极大值右边，λ_1 随 κ 的变动情况的解释与 λ_2 类似，不再赘述；随着自信程度的上升，共有两种相反的效应。

一是由于内部交易者过度自信交易激进，信息多不对称性很高，这样的话，做市商就会选择一个比较大的 λ_1 来降低信息的不对称性；二是由于内部交易者很相信自己的内部信息，并且交易不仅仅有一期，所以，他会同时抑制自己的交易，将信息留在后期即第二期再用。由于极大值左边 λ_1 随自信程度的上升而下降，这说明，越自信，内部交易者对自己的抑制作用体现得越明显。

由图2.2可知：第一，从每期的整体趋势上来看，内幕交易者的自信程度越强时，其交易强度越大，即当其已知的关于资产的价值与市场上一期价格之间的差值一定时，其确定的本期的交易量越大。第二，单独从第二期进行观察，当内幕交易者极为自信（$\kappa \propto 0$），交易强度会有一个急剧的增加。第三，对比两期的情况发现，在自信水平较高的情况下，第二期的交易强度要高于第一期，自信水平较低时则相反，甚至会出现反向交易。

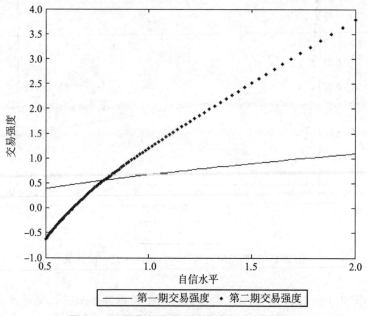

图2.2　不同期间交易强度与自信水平的关系

下面我们来计算一下各期释放的信息量，与两期总共释放的信息量。其中总释放信息量（即价格中反映的价值的信息）

$$\mathrm{var}p_2 = \Sigma_0 - \Sigma_2 = \frac{K(1+\gamma_2)^2 + (1+\gamma_2) - 4K}{4K - (1+\gamma_2)^2}H_0 \qquad (2.19)$$

证明见本章附录。

给定 $\sigma_v^2 = 1$, $\sigma_u^2 = 1$, 自信水平和释放信息量的关系如图 2 – 3 所示。

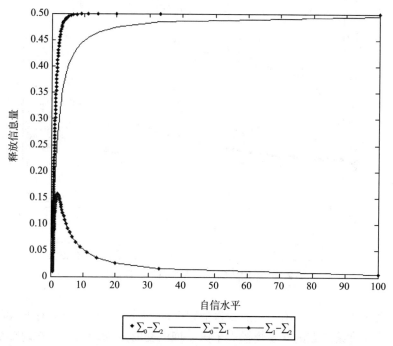

图 2.3   不同期间信息释放量与自信水平的关系

由图 2.3 可知：第一，内部交易者越自信，总释放信息量越多；第二，当内部交易者的自信水平非常非常大的时候（$\kappa \to 0$），总释放信息量无限趋近于 0.5，即全部信息的一半；第三，在高自信水平下，第一期释放的信息量远大于第二期释放的信息量且随着自信水平的上升，第一期释放的信息量有轻微的上升趋势，相应的，第二期释放的信息量稍有下降。

下一步我们定义每期的期望交易量如下：

$$\text{Volume}_n = \frac{E|x_n + u_n| + E|x_n| + E|u_n|}{2}$$

$$= \frac{1}{\sqrt{2\pi}} \left(\sqrt{\text{var}x_n} + \sqrt{\text{var}u_n} + \sqrt{\text{var}x_n + \text{var}u_n} \right) \ (n = 1, \ 2) \quad (2.20)$$

$$\text{var}x_n = \left[(1 + \gamma_n)\beta_n + \Theta_n \right]^2 H_{n-1} + \Theta^2 (H_0 - H_{n-1}) (n = 1, \ 2) \quad (2.21)$$

给定 $\sigma_v^2 = 1$, $\sigma_u^2 = 1$：不同期间交易量与自信水平的关系如图 2.4 所示。

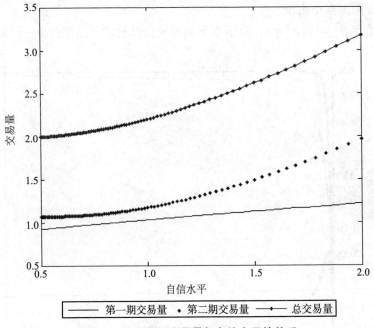

图2.4 不同期间交易量与自信水平的关系

由图2.4可知：第一，随着自信程度的上升，交易规模都有变大的趋势。第二，第二期的交易规模大于第一期的交易规模。第三，在内部交易者非常过度自信的时候，交易规模上升得很快，说明其交易很激烈；在内部交易者很缺乏自信的时候，第一期和第二期的交易规模没有很大的差别，说明内部交易者在对自己所掌握的信息进行运用时非常的谨慎。

以上结论与其他变量的变动情况保持了一致，即自信水平越高，交易强度和交易规模越大，从而释放的信息量也越多。

2.3 基于信息获取内生化的模型

2.3.1 模型建立和定义

凯尔（Kyle，2011）中引进了信息获取内生化的因素。我们借此在第2.2节建立的基础模型上引入获取信息的努力程度 ρ，并以此来衡量信息的获取度。当内部交易者付出的努力越多时，视为获取的信息量越多时，不会获取任何信息，其期望利润为零。

　　记获取信息的成本为 c，且信息获取成本与其努力水平 ρ 有关。我们假设 c 与 ρ 之间的关系如下：$c = \dfrac{k\rho^2}{2}$（k 为常数且大于 0）。内幕交易者获取的最终信息 $s = v + \varepsilon$，其中 $\varepsilon \sim N(0,\ \sigma_\varepsilon^2)$，且 $\sigma_\varepsilon^2 = \dfrac{\sigma^2}{\rho}$。其中，努力水平 ρ 与内幕交易者的自信水平 κ 有着一定的关联。下面的讨论中我们将对这两个参数的联系进行探讨。很多前人的研究发现交易者的自信水平越高，努力程度越大，但是即便如此，也不能排除自信水平越高，努力程度越小的可能性，正因为交易者本身很自信，所以他们会认为自己无须付出很大的努力就可以获得相当不错的利润，所以对 ρ 和 κ 关系的探讨还是很有意义的。

　　新模型仍然满足两个均衡条件和线性均衡的假设，但是与基础模型相比，c_κ 的表达形式有所变动：

$$c_\kappa = \frac{1}{1 + \dfrac{\kappa^2}{\rho}} \tag{2.22}$$

　　在内生化模型中，目标是最大化客观利润，即 $\max_\rho E(\pi_1 + \pi_2) - \dfrac{1}{2}k\rho^2$

$$E(\pi_1 + \pi_2) = E\big[\,E(\pi_1 + \pi_2 \mid p_0,\ s)\,\big] \tag{2.23}$$

客观利润具体表达式的证明见本章附录。

　　直觉告诉我们，在考虑信息获取成本以后，内部交易者可能会在交易时保持更加谨慎的态度，从而降低各期的交易强度和总的交易规模。接下来我们将对引入信息获取成本后的各变量的变动情况进行数值模拟并对结果进行了分析。

2.3.2　数学模拟和结果分析

　　由于 κ 和 ρ 是互相影响且都对利润产生一定的影响，我们无法得到二者的具体关系式，因此采用模拟的方法分析两者之间的关系图像，在进行模拟的过程中，我们将 k 设置为 0.01. 此外，由于 $\kappa < 0.5$ 时，κ 和 ρ 之间无法满足二阶条件，因此没有模拟 $\kappa < 0.5$ 的情况，结果如图 2.5 所示。

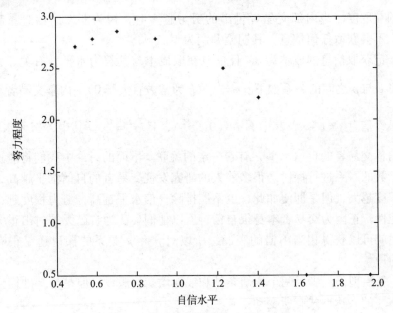

图 2.5　努力程度与自信水平的关系

通过模拟我们还发现当 $\kappa \in (0.5, 2)$，自信水平和努力程度之间的关系比较明确。这是由于二者是互相影响的，从而限制了自信水平的范围，如图 2.5 所示。

自信水平越低，其为获取信息所做出的努力越大，客观期望利润越大。当对自己的信心越高时，内部交易者的努力程度越低，这是由于他觉得自己不用付出很多的努力就可以达到和别人相同的效果；而当内部交易者的信心较低时，他反而倾向于付出更多的努力，来弥补自己能力上的不足。这印证了前面对自信水平和努力程度关系的猜想。此外，当自信水平逐渐下降时，努力程度趋于稳定，这表明当内部交易者对自己感到不自信的时候，会做出加倍的努力，而成本的存在限制了努力水平的上升。此外，我们还发现在自信水平最大值的右侧，ρ 随自信水平变动的速度要快于最大值左侧的情况，这可以用来解释后面外生和内生的交易强度所呈现出的不同。

从图 2.6 我们可以发现，随着自信水平的上升（下降），总期望利润是呈上升趋势的，这表明虽然信息的获取存在一定的成本，但是对于内部交易者来说，越自信，客观来讲其所获取的利润也会越多。这也表明利润和自信水平之间的单调关系，没有受到信息内生化的影响。

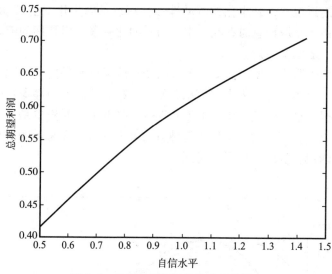

图 2.6 总期望利润与自信水平的关系

由图 2.7 中信息获取内生和外生的第一期的流动性参数对比我们可以发现，内生化情形下流动性参数的变动要慢于信息外生的情况。在自信水

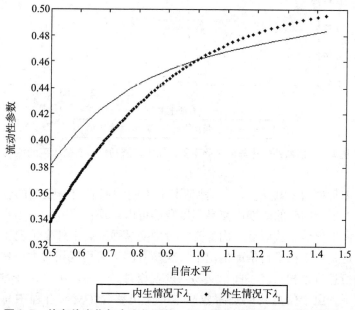

内生情况下λ_1 ◆ 外生情况下λ_1

图 2.7 信息外生化与内生化下第一期市场流动性与自信水平的关系

平为1的附近位置，外生化的流动性参数超过了内生化下的流动性参数。这可能是由于获取信息时存在成本压力，如此一来，第一期的流动性就会向理性的一般情况靠近。

图2.8表明第二期的流动性参数的变动情况仍然是内生情况下的变动相对缓慢。总体来看，内生化信息获取后，第二期的流动性参数的值要高于外生情况。这说明整个市场的流动性普遍降低了，同样也是因为存在获取信息的成本，使得无论是处于何种自信水平的内部交易者的交易行为都变得更加谨慎，从而降低了市场深度。

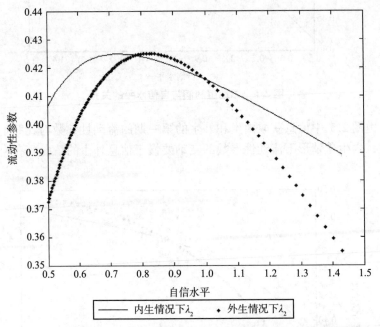

图 2.8 信息外生化与内生化下第二期市场流动性与自信水平的关系

图2.9和图2.10给出了两种情况下不同时期的交易强度的变动。通过对比外生和内生的两期内交易强度我们可以发现：第一，在不自信的情况下，内生化信息获取后，内部交易者的交易强度高于外生情况下的交易强度，这是由于在不自信的情况下，交易者的努力程度相对大一些，所以获取的信息量也相对多一些，交易强度就相对高一些。第二，在过度自信的情况下，由于信息获取是需要成本的，交易者在交易过程中总有所顾忌，所以内生的交易强度就会稍微低于外生化的情况。

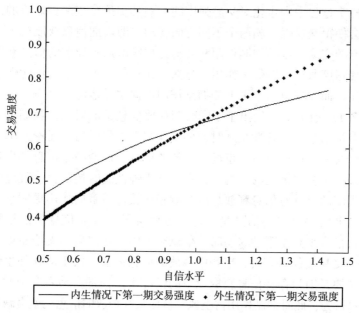

图 2.9　信息外生化与内生化下第一期交易强度与自信水平的关系

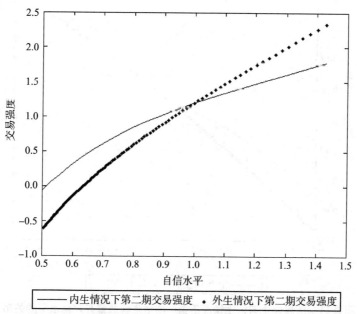

图 2.10　信息外生化与内生化下第二期交易强度与自信水平的关系

在整个过程中内生化对交易强度的影响其实是存在两种效应的，这两种效应会使得交易强度朝两个不同方向变动，即增加信息获取成本后对内部交易者的交易强度的抑制作用和其努力程度增加所导致的信息获取量增加对交易强度所产生的促进作用。显然，在自信水平低于理性时促进作用比较明显，而在高自信水平下，抑制作用占据主导地位。

图 2.11 至图 2.13 给出了不同时期释放信息量的对比，我们发现：第一，在自信水平低于理性状态时，信息获取内生化以后，无论是单个时期还是整个交易过程结束后，市场中释放的信息量都会高于信息外生化的情况。这是由于在内部交易者的自信水平低于理性的时候，自信程度的下降与努力程度的上升对信息释放量的影响相比较，后者的作用更明显，交易者的努力会增加手中的信息量，这样也就会导致释放信息量的增加。第二，在自信水平高于理性状态时，信息获取内生化以后，无论是单个时期还是整个交易过程结束后，市场中释放的信息量都会低于信息外生化的情况，这主要是因为存在信息获取成本的情况下，内部交易者会稍微抑制自己的交易行为，此时抑制作用占上风，从而最终释放的信息也就会减少。

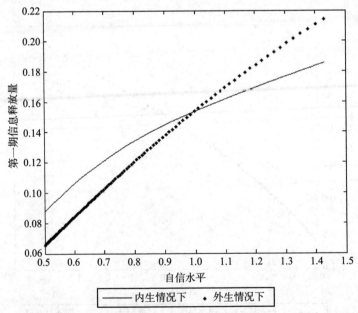

图 2.11　信息外生与内生情况下第一期信息释放量与自信水平的关系

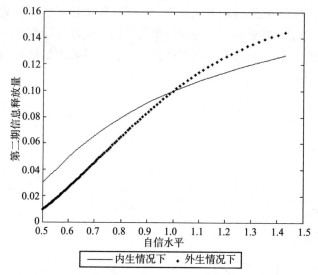

图 2.12 信息外生与内生情况下第二期信息释放量与自信水平的关系

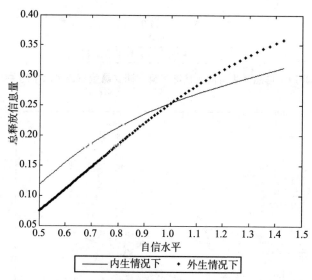

图 2.13 信息外生与内生情况下总信息释放量与自信水平的关系

图 2.14 至图 2.16 给出了不同时期以及总交易规模的对比，我们发现整体来说仍然存在当自信水平处于较低水平时内生的交易规模大于外生的交易规模，反之亦然。这与我们之前的猜想是一致的。此外我们还发现内

生化下两期的交易规模的增速变动不大，而在外生化下第二期的交易规模的增速有一个上升的趋势，这表明信息获取内生化以后降低了内部交易者情绪的波动性，信息获取成本的存在使得内部交易者的情绪更加冷静，交易行为也较为理性。

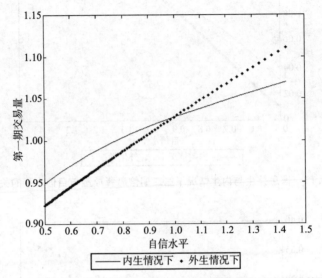

图2.14 信息外生与内生情况下第一期交易量与自信水平的关系

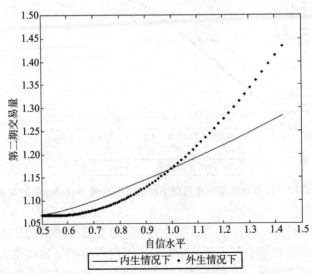

图2.15 信息外生与内生情况下第二期交易量与自信水平的关系

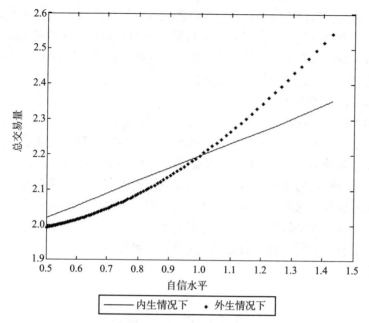

图 2.16　信息外生与内生情况下总交易量与自信水平的关系

2.4　结　　论

本章建立了一个基于贝叶斯均衡基础之上的两期的连续动态交易模型来探讨在信息获取内生化条件下与信息外生化条件下，内部交易者的非理性的自信水平会对市场的均衡结果产生什么样的影响。

具体而言，我们分析了内生化信息获取对市场深度、交易强度、交易规模以及释放信息量的影响与外生化的一般情况有何不同。经过在一定范围内对各参数进行数学模拟以后，我们发现，在内部交易者的自信水平处于较低水平和较高水平的时候会对各因素产生不同的影响，但是会使得各个研究指标随自信水平的变动幅度放缓，并且数值上更加向理性状态贴近。

我们还发现，在内部交易者不自信的时候其努力程度的变化并不明显，并且处于比较高的水平且不是一直保持单调的，而在内部交易者已经很自信的情况下其努力水平会随着自信水平的升高而显著降低。这一结论和许多其他学者的越自信努力程度越高的结论是存在一些差别的，这是由于我们的前提假设不完全一致。我们此处假设的自信水平，是内部交易者对自己能力的自信程度，努力程度和能力水平共同决定了信息的获取度。而之前诸位学者在研究自信水平和努力程度时，假设的自信水平是对自己即将要掌握的信息的自信程度的衡量，而这一衡量标准在我们本章的数据模拟与讨论被固定为某个已确定的信息了（$\tau = 1$）。也就是说，内部交易者不用再担心其获取的信息准确度或真实度，它们之间存在的差异就是对某一确定信息的获取程度不一致，从而会影响其交易程度、市场深度、期望收益以及价格所蕴含的信息量等因素。当内部交易者已经足够自信的情况下，努力程度的增加给其带来的边际效用就不会有明显的增加，因此内部交易者也就不愿意相应地增加其努力程度。从总期望利润来看，也可以发现，在自信水平较低的时候利润的增幅大于自信水平较高时候的增幅。这也就解释了为什么我们的努力程度与自信水平参数之间不是严格的正相关关系。

2.5　附　　录

（1）定理 1 证明

引理 1 的证明：

$$\mathrm{cov}(\tilde{s}, \tilde{v} - c_\kappa s) = \mathrm{cov}(\tilde{s}, \tilde{v} - E_\kappa(\tilde{v} \mid \tilde{s}))$$
$$= \mathrm{cov}\left(\tilde{s}, \frac{\mathrm{cov}(\tilde{s}, \tilde{v})}{\mathrm{var}\,\tilde{s}}\tilde{s}\right) = 0 \qquad (2.24)$$

引理 2 的证明：

$$p_2 = E(\tilde{v} \mid x_1 + u_1, x_2 + u_2) = E(\tilde{v} - c_1\tilde{s} + c_1\tilde{s} \mid x_1 + u_1, x_2 + u_2)$$
$$= E(c_1\tilde{s} \mid x_1 + u_1, x_2 + u_2) \qquad (2.25)$$

下面运用逆向推导法，对两期的均衡进行求解：

$t = 2$ 时，内幕交易者在得知资产内幕信息的情况下选择使其两期利润最大化的交易量 x_2：

$$\max_{x_2} E_\kappa(\pi_2 \mid s, p_1)$$
$$= \max_{x_2} E_\kappa\{[c_\kappa s - p_1 - \lambda_2(x_2 + u_2) - h_1]x_2 \mid s, p_1\}$$
$$= \max_{x_2}(c_\kappa s - c_1 s + c_1 s - p_1 - \lambda_2 x_2 - h_1)x_2$$
$$= \max_{x_2}[-\lambda_2 x_2^2 + (c_\kappa s - c_1 s + c_1 s - p_1 - h_1)x_2]$$

由此可求得其一阶条件为：

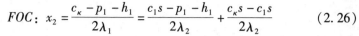

$$FOC: x_2 = \frac{c_\kappa - p_1 - h_1}{2\lambda_1} = \frac{c_1 s - p_1 - h_1}{2\lambda_2} + \frac{c_\kappa s - c_1 s}{2\lambda_2} \tag{2.26}$$

因此我们可以得到：

$$\beta_2 = \frac{1}{2\lambda_2} \tag{2.27}$$

同时也可以得到二阶条件：

$$SOC: \lambda_2 > 0 \tag{2.28}$$

为下面的证明求解提供基础。

下面给出 h_1 的求解过程：由引理 2 及期望公式：

$$
\begin{aligned}
&E(p_2 - p_1 \mid x_1 + u_1, x_2 + u_2) \\
&= E[E(c_1 s \mid x_1 + u_1, x_2 + u_2) - p_1 \mid x_1 + u_1, x_2 + u_2] \\
&= E[E(c_1 s \mid x_1 + u_1, x_2 + u_2) \mid x_1 + u_1, x_2 + u_2] \\
&\quad - E[E(c_1 s \mid x_1 + u_1) \mid x_1 + u_1, x_2 + u_2] \\
&= E(c_1 s) - E(c_1 s) \\
&= 0
\end{aligned}
$$

并且有：

$$p_2 - p_1 = \lambda_2(x_2 + u_2) + h_1 \tag{2.29}$$

由式（2.27）、式（2.31）可得：

$$
\begin{aligned}
&E(p_2 - p_1 \mid x_1 + u_1, x_2 + u_2) \\
&= E[\lambda_2(x_2 + u_2) + h_1 \mid x_1 + u_1, x_2 + u_2] \\
&= E[\lambda_2 x_2 + h_1 \mid x_1 + u_1, x_2 + u_2] \\
&\quad - E\left[\lambda_2\left(\frac{c_1 s - p_1 - h_1}{2\lambda_2} + \frac{c_\kappa s - c_1 s}{2\lambda_2}\right) \mid x_1 + u_1, x_? + u_2\right] + h_1 \\
&= \frac{h_1 + (c_\kappa c_1^{-1} - 1)p_1}{2} \\
&= 0
\end{aligned}
$$

记：

$$\gamma_2 = 1 - c_\kappa c_1^{-1}$$

则：

$$h_1 = \gamma_2 p_1 \tag{2.30}$$

从式（2.27）和式（2.31）我们可以得到 Θ_2 的等式：

$$x_2 = \frac{(1+\gamma_2)(c_1 s - p_1)}{2\lambda_2} - \frac{2\gamma_2(c_1 s - p_1)}{2\lambda_2} - \frac{\gamma_2 p_1}{\lambda_2} \tag{2.31}$$

与式（2.1）比较可得：

$$\Theta_2 = -\frac{\gamma_2}{\lambda_2} \tag{2.32}$$

$$x_2 = [(1+\gamma_2)\beta_2 + \Theta_2](c_1 s - p_1) + \Theta_2 p_1 \tag{2.33}$$

定理中利润的表达式的各个参数求解如下：

$$
\begin{aligned}
& E_\kappa(\pi_2 \mid s, p_1) \\
&= E_\kappa(c_\kappa s - p_2 x_2 \mid s, p_1) = \lambda_2(x_2)^2 \\
&= \frac{(1+\gamma)^2}{4\lambda_2}(c_1 s - p_1)^2 + \frac{2 - c_\kappa c_1^{-1}\gamma_2}{\lambda_2} c_1 s p_1 + \frac{-\gamma_2}{\lambda_2}(c_1 s)^2 \\
&= \alpha_1(c_1 s - p_1)^2 + w_1 p_1(c_1 s) + \varphi_1(c_1 s)^2 + \delta_1
\end{aligned}
$$

其中：

$$\alpha_1 = \frac{(1+\gamma_2)^2}{4\lambda_2} \tag{2.34}$$

$$\omega_1 = \frac{(2 - c_\kappa c_1^{-1})\gamma_2}{\lambda_2} \tag{2.35}$$

$$\varphi_1 = \frac{-\gamma_2}{\lambda_2} \tag{2.36}$$

$$\delta_1 = 0 \tag{2.37}$$

之后做市商根据市场上提交的总订单量得知信息 $\tilde{s} = \tilde{v} + \sigma_v \tilde{\varepsilon}$，并且确定市场中的出清价格 p_2。下面给出 λ_2 和 H_2 的证明。

由引理 2 和式（2.34）可知：

$$
\begin{aligned}
& p_2 - p_1 \\
&= E(c_1 s - p_1 \mid x_1 + u_1, x_2 + u_2) \\
&= E\{c_1 s - p_1 \mid x_1 + u_1, [(1+\gamma_2)\beta_2 + \Theta_2](c_1 s - p_1) + u_2]\} \\
&= \frac{\text{cov}(c_1 s - p_1, [(1+\gamma_2)\beta_2 + \Theta_2](c_1 s - p_1) + u_2)}{\text{var}[(1+\gamma_2)\beta_2 + \Theta_2](c_1 s - p_1) + u_2}(x_2 + u_2) + h_2 \\
&= \frac{[(1+\gamma_2)\beta_2 + \Theta_2]H_1}{[(1+\gamma_2)\beta_2 + \Theta_2]^2 H_1 + \sigma_u^2}(x_2 + u_2) + h_2
\end{aligned}
$$

所以：

$$\lambda_2 = \frac{[(1+\gamma_2)\beta_2 + \Theta_2]H_1}{[(1+\gamma_2)\beta_2 + \Theta_2]^2 H_1 + \sigma_u^2} \tag{2.38}$$

将式（2.34）代入下面的等式有：

$$
\begin{aligned}
H_2 &= \text{var}(c_1 \tilde{s} \mid x_1 + u_1, x_2 + u_2) \\
&= \text{var}(c_1 \tilde{s} - p_1 \mid x_1 + u_1, [(1+\gamma_2)\beta_2 + \Theta_2](c_1 s - p_1) + u_2) \\
&= \text{var}(c_1 \tilde{s} - p_1 \mid [(1+\gamma_2)\beta_2 + \Theta_2](c_1 s - p_1) + u_2)
\end{aligned}
$$

$$= H_1 - \frac{\text{cov}^2(c_1 \tilde{s} - p_1, \; [(1 + \gamma_2)\beta_2](c_1 s - p_1))}{\text{var}([(1 + \gamma_2)\beta_2 + \Theta_2](c_1 s - p_1) + u_2)}$$

$$= H_1 - \frac{[(1 + \gamma_2)\beta_2 + \Theta_2]^2 H_1^2}{[(1 + \gamma_2)\beta_2 + \Theta_2]^2 H_1 + \sigma_u^2}$$

$$= \frac{\sigma_u^2 H_1}{[(1 + \gamma_2)\beta_2 + \Theta_2]^2 H_1 + \sigma_u^2}$$

式（2.40）和式（2.41）联立，我们有：

$$\lambda_2 = \frac{[(1 + \gamma_2)\beta_2 + \Theta_2]}{\sigma_u^2} H_2 \tag{2.39}$$

$$H_2 = (1 + \gamma_2)(1 - \lambda_2 \beta_2) H_1 \tag{2.40}$$

$t = 1$ 时，内幕交易者在得知资产内幕信息的情况下选择使其第一、第二期利润最大化的交易量 x_1：

$$\max_{x_1} E_\kappa(\pi_2 + \pi_1 \mid s, \; p_0, \; p_1)$$

$$= \max_{x_1} E_\kappa \Big\{ (c_\kappa s - p_1) x_1 + \frac{(1 + \gamma_2)^2}{4\lambda_2}(c_1 s - p_1)^2 + \frac{(2 - c_\kappa c_1^{-1})}{\lambda_2} c_1 s p_1$$

$$+ \frac{-\lambda_2}{\lambda_2}(c_1 s)^2 \mid s, \; p_1 \Big\}$$

可得一阶条件：

$$\text{FOC：} \quad x_1 = \frac{(1 - 2\lambda_1 \alpha_1)(c_1 s - p_0 - h_0) + (\lambda_1 \omega_1 + c_\kappa c_1^{-1} - 1) c_1 s}{2\lambda_1(1 - \alpha_1 \lambda_1)}$$

$$\tag{2.41}$$

从而有：

$$\beta_1 = \frac{1 - 2\lambda_1 \alpha_1}{2\lambda_1(1 - \alpha_1 \lambda_1)} \tag{2.42}$$

因为：

$$p_1 - p_0 = \lambda_1(x_1 + u_1) + h_0 \tag{2.43}$$

所以 $E(p_1 - p_0 \mid x_1 + u_1) = E(\lambda_1 x_1 + h_0) = 0$

$$h_0 = (1 - c_\kappa c_1^{-1} - \lambda_1 \omega_1) p_0 = \gamma_1 p_0 \tag{2.44}$$

$$\gamma_1 = 1 - c_\kappa (c_1)^{-1} - \lambda_1 \omega_1 \tag{2.45}$$

与式（2.1）比较可以发现：

$$\Theta_1 = -\frac{\gamma_1}{\lambda_1} \tag{2.46}$$

则：

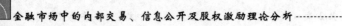

$$x_1 = [(1 + \gamma_1)\beta_1 + \Theta_1](c_1 s - p_0) + \Theta_1 p_0 \qquad (2.47)$$

本期二阶条件是：

$$\text{SOC：} (1 - \alpha_1 \lambda_1)\lambda_1 > 0 \qquad (2.48)$$

由式（2.35）、式（2.44）、式（2.46）可得：

$$E_\kappa(\pi_2 + \pi_1 \mid s, p_0, p_1) = E_\kappa((c_\kappa s - p_2)x_2 + (c_\kappa s - p_1)x_1 \mid s, p_0, p_1)$$
$$= \alpha_0(c_0 s - p_0)^2 + w_0 p_0(c_0 s) + \varphi_0(c_0 s)^2 + \delta_0$$
$$(2.49)$$

其中：

$$\alpha_0 = \frac{(1 + \gamma_1)^2}{4\lambda_1(1 - \alpha_1 \lambda_1)} \qquad (2.50)$$

$$\omega_0 = \frac{(2 - c_\kappa c_1^{-1})\gamma_1}{\lambda_1} + \omega_1 \qquad (2.51)$$

$$\varphi_0 = \varphi_1 - \frac{-\gamma_1}{\lambda_1} \qquad (2.52)$$

$$\delta_0 = \delta_1 + \alpha_1(\lambda_1 \sigma_u)^2 = \alpha_1(\lambda_1 \sigma_u)^2 \qquad (2.53)$$

之后，做市商根据市场上提交的总订单量得知信息 $\tilde{s} = \tilde{v} + \sigma_v \tilde{\varepsilon}$，并且确定市场中的出清价格 p_1。

下面给出 λ_1 和 H_1 的求解过程：λ_1 的求解过程和 λ_2 的类似，所以我们有：

$$\lambda_1 = \frac{[(1 + \gamma_1)\beta_1 + \Theta_1]H_0}{[(1 + \gamma_1)\beta_1 + \Theta_1]^2 H_0 + \sigma_u^2} \qquad (2.54)$$

将式（2.50）代入下式有：

$$H_1 = \text{var}(c_1 \tilde{s} - p_0 \mid [(1 + \gamma_1)\beta_1 + \Theta_1](c_1 s - p_0) + u_1)$$
$$= H_0 - \frac{\text{cov}^2(c_1 \tilde{s} - p_0, [(1 + \gamma_1)\beta_1 + \Theta_1](c_1 s - p_0))}{\text{var}[(1 + \gamma_1)\beta_1 + \Theta_1]^2 H_0 + \sigma_u^2}$$
$$= H_0 - \frac{[(1 + \gamma_1)\beta_1 + \Theta_1]^2 H_0^2}{[(1 + \gamma_1)\beta_1 + \Theta_1]^2 H_0 + \sigma_u^2}$$
$$= \frac{\sigma_u^2 H_0}{[(1 + \gamma_1)\beta_1 + \Theta_1]^2 H_0 + \sigma_u^2}$$

以上两式联立：

$$\lambda_1 = \frac{[(1 + \gamma_1)\beta_1 + \Theta_1]}{\sigma_u^2} H_1 \qquad (2.55)$$

$$H_1 = (1 + \gamma_1)(1 - \lambda_1 \beta_1)H_0 \qquad (2.56)$$

（2）定理 2 证明

记 $K = \dfrac{\lambda_2}{\lambda_1}$，可得：

$$\frac{\lambda_2}{\lambda_1} = \frac{H_2}{H_1} \times \frac{(1 + \gamma_2)\,\beta_2 + \Theta_2}{(1 + \gamma_1)\,\beta_1 + \Theta_1}$$

$$\Rightarrow 8K^3 - 4K^2(1 + \gamma_2) - 4K(1 + \gamma_1) + (1 + \gamma_2) = 0 \tag{2.57}$$

由式（2.51）可以得出 K 的取值范围：

$$K > \frac{(1 + \gamma_2)^2}{4}$$

从 β_1，γ_1，λ_1 的表达式可求得：

$$\lambda_1 = \frac{\sqrt{2(1 - \gamma_2^2)(2K - 1 - \gamma_2)(K - \gamma_2)}}{\sigma_u(4K - (1 + \gamma_2)^2)} \tag{2.58}$$

$$\beta_1 = \frac{1}{\lambda_1} \times \frac{2K - (1 + \gamma_2)^2}{4K - (1 + \gamma_2)^2} \tag{2.59}$$

其他变量也都可以用 λ_1，γ_1，γ_2 表示而来，此处不再赘述。

（3）释放信息量的证明

$$\begin{aligned}
\mathrm{var}\,p_2 &= \Sigma_0 - \Sigma_2 = H_0 - H_2 \\
&= H_0 - (1 + \gamma_2)(1 - \lambda_2\beta_2)H_1 \\
&= \frac{K(1 + \gamma_2)^2 + (1 + \gamma_2) - 4K}{4K - (1 + \gamma_2)^2}H_0
\end{aligned}$$

（4）内生化模型中客观期望利润的证明

$$\begin{aligned}
E(\pi_1 + \pi_2) &= E\big[E(\pi_1 + \pi_2 \mid p_0, s)\big] \\
&= E\big[\alpha_0(c_1 s - p_0)^2 + w_0 p_0(c_1 s) + \varphi_0(c_1 s)^2 + \delta_0\big] \\
&= (\alpha_0 + \varphi_0)\,\mathrm{var}(c_1 s) + \delta_0 \\
&= \left[\frac{(1 + \gamma_1)^2}{4\lambda_1(1 - \alpha_1\lambda_1)} + \varphi_1 - \frac{\gamma_1}{\lambda_1}\right]c_1^2 c_\kappa^{-1}\sigma_v^2 + \frac{(1 + \gamma_2)^2}{4\lambda_2}\lambda_1^2\sigma_u^2
\end{aligned}$$

第 3 章

公开披露与信息泄露下的交易策略

根据胡达特等（Huddart et al., 2001）中的模型，本章的研究结果显示，在信息存在泄露风险时，内幕信息交易者将在混合策略中应用更少的噪声信息及更快的应用内幕信息带来的信息优势。

3.1 引　　言

具有优先信息的代理商的最优化策略是十几年来金融与经济学家研究的重点。凯尔（Kyle, 1985）研究了在动态交易策略的框架下，内幕信息交易者如何选择交易策略以及私人信息如何通过交易价格揭示。以凯尔（Kyle, 1985）为基础，胡达特等（Huddart et al., 2001）对模型进行了拓展，在该模型中，内幕信息交易者依照信息披露条款的规定，在每次交易后披露其交易。该模型发现，内幕信息交易者在交易时，有限度地依照内幕信息进行交易，使内幕信息以恒定的速度被释放，以避免内幕消息过快地被外界所知。上述文章中的模型都以内幕信息长期存在，并且只通过内幕交易释放为假设前提。戈恩卡（Goenka, 2003）在夏普利－舒比克（Shapley－Shubik, 1977）的框架基础下研究了内幕信息泄露给非内幕信息交易者对均衡的影响。在戈恩卡（Goenka, 2003）中，内幕信息交易者决定何时使用私人信息。然而，由于当内幕信息交易者使用内幕信息后，非内幕信息交易者将会立刻获知内幕信息，因此内幕信息交易者仅可以使用一次内幕信息。受到胡达特等（Huddart et al., 2001）和戈恩卡（Goenka, 2003）的研究启发，本章建立了一个动态模型来检验当内幕信息交易者可以决定其每期交易私人信息使用的程度时，信息泄露不确定性对均衡的影响。

在本章的模型下，私人信息在任一期间都有可能成为公开信息。因此，私人信息完全反映于价格中的理性期望均衡可能出现于任一时期，而无须等待最后一期交易[①]。信息泄露能够使内幕信息交易者冲动地去使用信息，进而影响内幕信息交易者的交易策略以及均衡结果。从直觉上认为，内幕信息交易者在每期交易都会担忧在未来失去信息方面的优势，因此，内幕信息交易者会更加激进的交易并在每期交易中使用更少的噪声信息。这种行为会导致均衡结果中产生更低的信息成本以及更高的价格。这产生了更高的信息租金和更高的价格有效性。

3.2　模　　型

本章的研究模型是基于胡达特等（Huddart et al.，2001）的研究框架基础之上。一项风险资产在一个内幕信息交易者，一个做市商和多个噪声交易者之间进行交易。资产的基础价值 v 正态分布服从于平均值 p_0 和方差 σ_v^2，记为 $v \sim N(p_0, \sigma_v^2)$。

N 期交易分别记为 $n = 1, 2, \cdots, N$。在第一期交易之前，内幕信息交易者观察到资产价值为：$v + \varepsilon$，此处 $\varepsilon \sim N(0, \sigma_\varepsilon^2)$ 且独立于资产价值 v。在第 n 期交易时，内幕信息交易者决定订单量 x_n（如果 $x_n < 0$，意味着 $|x_n|$）以最大化利润。与此同时，多个噪声交易者共同决定一个外生交易量 $u_n \sim N(0, \sigma_u^2)$。假设 $u_1, \cdots, u_n, v, \varepsilon$，相互独立。在第 n 期，做市商观察到总交易量 $x_n + u_n$，但是他无法单独观察到 x_n 或 u_n。做市商根据总订单量对资产进行定价，价格记为 p_n，且在该价格下对不平衡的交易量进行吸收。在第 n 期交易后，内幕信息交易者公开宣布其交易量 x_n。假设内幕信息交易者的信息 $v + \varepsilon$ 在每期交易后有一定概率会被泄露给公众，记该概率为 p，$0 \leqslant p \leqslant 1$。在第 n 期交易结束后，做市商根据收到的信息将资产价格由 p_n 更新为 p_n^*。每个事件的时间范围如图 3.1 所示。

[①]　对于更全面的关于全揭示理性预期价格的总结，可参考文献戈塔尔迪和塞拉罗（Gottardi & Serrano，2005）。

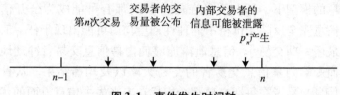

图3.1　事件发生时间轴

均衡的定义：一系列竞价交易均衡（x_n，p_n，p_n^*），$n = 1$，$\cdots$，N 满足下列条件

（1）利润最优化。内幕交易者的交易量 x_n 满足利润最大化情况：

$$\max_{x_n} E\left[\sum_{i=n}^{N} \pi_i \mid p_1^*,\ \cdots,\ p_{n-1}^*,\ v + \varepsilon\right]$$

其中，$\pi_i = (v - p_i)x_i$ 是第 i 期交易内幕信息交易者的利润。

（2）半强有效市场条件。

如果信息没有泄露：$p_n = E[v \mid p_1^*,\ \cdots,\ p_{n-1}^*,\ x_n + u_n]$

如果信息泄露：$p_n = E[v \mid v + \varepsilon]$

3.3　均　　衡

记事件 $F_n = \{n$ 期前信息被泄露$\}$。其互补集为：$\overline{F}_n = \{n$ 期前信息未被泄露$\}$。主要结果由定理1呈现：

定理1：在具有公开披露要求和内幕信息泄露可能性的 N 期动态交易框架下，连续竞价交易均衡存在。在第 n 期交易，当事件 $\overline{F}_n$ 发生，均衡由 λ_n，β_n，γ_n，$\sigma_{z_n}^2$ 和 α_n 等常数表示，例如，

$$p_n = p_{n-1} + \lambda_n(x_n + u_n) \tag{3.1}$$

$$p_n^* = p_{n-1}^* + \gamma_n x_n \tag{3.2}$$

$$E\left[\sum_{i=n+1}^{N} \pi_i \mid v + \varepsilon, p_1^*, \cdots, p_n^*, \overline{F}_{n+1}\right] = \alpha_n (E(v \mid v + \varepsilon) - p_n^*)^2 \tag{3.3}$$

$$x_n = \beta_n (E(v \mid v + \varepsilon) - p_{n-1}^*) + z_n \tag{3.4}$$

$$\Sigma_n = \mathrm{var}(E(v \mid v + \varepsilon) \mid p_1^*, \cdots, p_n^*) = \frac{q^2(1 - q^{2(N-n)})}{1 - q^{2(N+1-n)}} \Sigma_{n-1} \tag{3.5}$$

$$\lambda_n = \frac{1}{2\sigma_u} \sqrt{\frac{1 - q^2}{1 - q^{2(N+1-n)}} \Sigma_{n-1}} \tag{3.6}$$

$$\gamma_n = 2\lambda_n \tag{3.7}$$

$$\beta_n = \sigma_u \sqrt{\frac{1-q^2}{(1-q^{2(N+1-n)})\ \Sigma_{n-1}}} \tag{3.8}$$

$$\alpha_n = \frac{\sigma_u}{2} \sqrt{\frac{1-q^{2(N-n)}}{(1-q^2)\ \Sigma_n}} \tag{3.9}$$

$$\sigma_{z_n}^2 = \frac{q^2 - q^{2(N+1-n)}}{1-q^{2(N+1-n)}} \sigma_u^2 \tag{3.10}$$

此处 $q=1-p$，当事件 F_n 发生，$p_i = p_i^* = E(v \mid v+\varepsilon)$，$E[\pi_i \mid p_1^*,\ \cdots,\ p_{n-1}^*,\ v+\varepsilon]=0 \quad i \geq n$。

证明见本章附录。

特别的，当内幕信息泄露的概率为 0 时，即 $p \to 0$，即可得到胡达特等（Huddart et al.，2001）中的结论。当内幕信息泄露的概率大于 0 时，内幕信息交易者将会担忧在未来的交易中泄露其信息优势。因此，内幕信息交易者交易量 x_n 受到其信息泄露概率大小的影响。相应的，由做市商决定的价格在由 p_{n-1} 更新为 p_n 时，也受到信息泄露概率的影响。这是由于做市商根据观察到的总订单量 $x_n + u_n$ 定价，而 $x_n + u_n$ 的大小受到内幕信息泄露概率的影响。

我们对胡达特等（Huddart et al.，2001）及本章的模型分别进行数值模拟，对各自模型的结果进行对比。在模拟过程中，我们设定 $\sigma_v^2 = 1$，$\sigma_u^2 = 0.5$，$\sigma_\varepsilon^2 = 0.2$，并将信息泄露的概率设定在 20% ~ 50% 区间。由于信息泄露后的结果是微不足道的，我们重点关注没有信息泄露时的路径。

图 3.2 描述了信息揭示的动态情况。该图显示，在内幕信息有更高的泄露概率下，内幕信息以更快的速度释放。当内幕信息泄露的概率为 50% 时，超过 98% 的内幕信息在前三个交易期被公开。这与无信息泄露情况下信息以恒定速度被公开的结果形成强烈对比。

根据图 3.3 可以看出，在内幕信息泄露的情况下，流动性成本随时间的增加而减小；而在胡达特的模型中，流动性成本一直保持常数状态。这一现象与图 3.2 中的信息状况保持一致。

结果，噪声交易者会选择最后一期作为交易时间，如果给他们这种选择权力的话。然而，如果给噪声交易者设置一个时间折扣 p^2，我们也可以得到胡达特等（Huddart et al.，2001）中模型的结果。事实上，由于 $\lambda_n = p\lambda_{n-1}$，噪声交易者在第 $n-1$ 期事前期望损失为 $p^{n-1}\lambda_{n-1}\sigma_u^2$，是第 n 期中的损失的 p^2 倍。

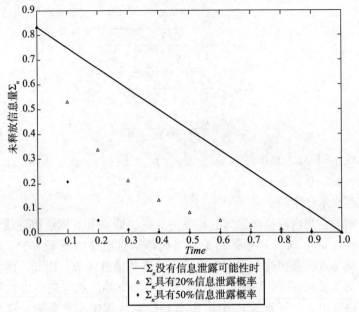

图 3.2   未公开信息含量动态变化

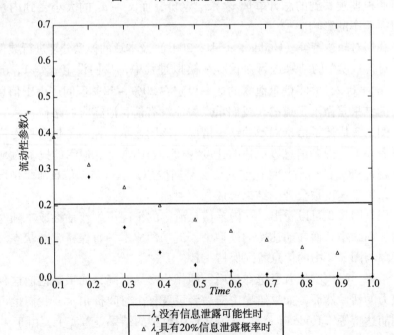

图 3.3   流动性参数变化

　　图 3.4 是在有信息泄露和无信息泄露情况下，内幕信息交易者的期望利润的图像。在有信息泄露的情况下，我们发现内幕信息交易者在最初几期交易利润更多，而在最后几期利润更少。当信息泄露概率更大时，上述情况越明显。此外，信息泄露概率越高，内幕信息交易者的总利润越低。

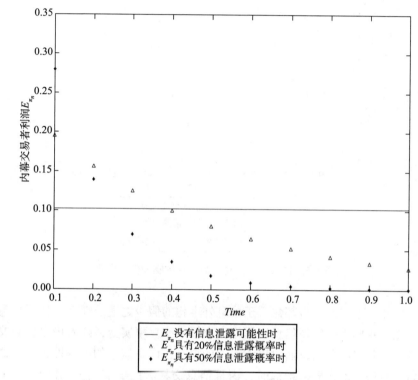

图 3.4　内幕信息交易者的利润变化

　　根据图 3.5 可以看出，随着信息的泄露，内幕信息交易者在每期使用更少的噪声来干扰交易策略。此外，根据 $\beta_n^2 \Sigma_{n-1} + \sigma_{z_n}^2 = \sigma_u^2$（详细证明见本章附录）以及图 3.2 可知，面对信息泄露时，内幕信息交易者会更加激进地根据私人信息进行交易。这可以理解为，内幕信息交易者将会在内幕信息无用之前尽可能地利用信息优势。

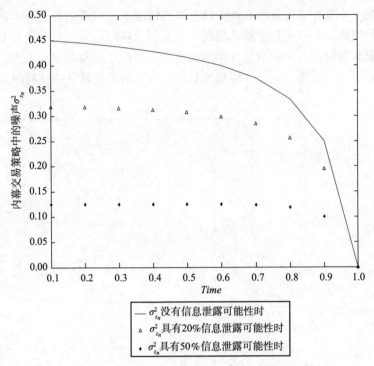

图 3.5　内幕信息交易者战略中的噪声信息变化

至此，上述的分析都建立于信息外生化的假设之上。现在，假设信息内生化，我们将会发现信息泄露损害市场效率。事实上，随着内幕信息交易者为了获得内幕信息而付出的成本的提高，内幕信息的准确性也将随之提高。当信息泄露概率增加时，内幕信息交易者的事前期望利润会减小，由此其获得准确信息的冲动也随之降低。因此，由信息泄露情况下的最终市场价格将比没有信息泄露情况下的最终市场价格低效。这与阿·戈因卡（Goenka A.，2003）中的结论一致。

3.4　结　　论

以胡达特等（Huddart et al.，2001）为基础，本章描述了在内幕信息交易者必须公开其交易行为及其可能在最后的交易机会之前失去信息优势的情况下的均衡结果。在这种情况下，内幕信息交易者交易更加激进，在混合交易策略中使用更少的噪声信息，更加快速地使用信息并进一步导致流动性成本下降以及降低期间利润。

3.5　附　　录

定理1证明　在第 n 期（ $n = 1$ ，2，…，N ），如果信息已经被泄露，事件 F_n 发生，则对于任何 $i \geqslant n$ ，$p_i = E[v \mid v + \varepsilon]$ ，$E[\pi_i \mid p_1^*$ ，…，p_{n-1}^* ，$v + \varepsilon] = E[(v - p_i)x_i \mid p_1^*$ ，…，p_{n-1}^* ，$v + \varepsilon] = (E(v \mid v + \varepsilon) - E(v \mid v + \varepsilon)) x_i = 0$ 。

如果信息在第 n 期之前没有被泄露，及事件 $\overline{F_n}$ 发生，对于 $n = N$ ，本章的模型退化为一期模型，式（3.1）～式（3.10）成立。

对于 $n \leqslant N - 1$ ，假设：

$$E\left[\sum_{i=n+1}^{N} \pi_i \mid v + \varepsilon, p_1^*, \cdots, p_n^*, \overline{F}_{n+1}\right] = \alpha_n (E(v \mid v + \varepsilon) - p_n^*)^2 + \delta_n$$

(3.11)

$$\Sigma_{n+1} = \frac{q^2(1 - q^{2(N-n-1)})}{1 - q^{2(N-n)}} \Sigma_n$$

(3.12)

$$\lambda_{n+1} = \frac{1}{2\sigma_u} \sqrt{\frac{1 - q^2}{1 - q^{2(N-n)}} \Sigma_n}$$

(3.13)

$$\alpha_n = \frac{1}{4\lambda_{n+1}} = \frac{\sigma_u}{2} \sqrt{\frac{1 - q^{2(N-n)}}{(1 - q^2)\Sigma_n}}$$

(3.14)

则在第 n 期，由于 $\overline{F}_n = \overline{F}_{n+1} \cup (\overline{F}_n \cap F_{n+1})$ ，则：

$$E\left[\sum_{i=n}^{N} \pi_i \mid v + \varepsilon, p_1^*, \cdots, p_n^*, \overline{F}_n\right]$$

$$= E[\pi_n \mid v + \varepsilon, p_1^*, \cdots, p_n^*, \overline{F}_n] + E\left[\sum_{i=n+1}^{N} \pi_i \mid v + \varepsilon, p_1^*, \cdots, p_n^*, \overline{F}_n\right]$$

$$= x_n (E(v \mid v + \varepsilon) - p_{n-1}^* - \lambda_n x_n) + q E\left[\sum_{i=n+1}^{N} \pi_i \mid v + \varepsilon, p_1^*, \cdots, p_n^*, \overline{F}_{n+1}\right]$$

$$\quad + (1 - q) E\left[\sum_{i=n+1}^{N} \pi_i \mid v + \varepsilon, p_1^*, \cdots, p_n^*, \overline{F}_n \cap F_{n+1}\right]$$

$$= x_n (E(v \mid v + \varepsilon) - p_{n-1}^* - \lambda_n x_n) + q[\alpha_n (E(v \mid v + \varepsilon) - p_{n-1}^* - \gamma_n x_n)^2 + \delta_n] + 0$$

$$= x_n^2 (q\alpha_n \gamma_n^2 - \lambda_n) + x_n (1 - 2q\alpha_n \gamma_n)(E(v \mid v + \varepsilon) - p_{n-1}^*)$$

$$+ q[\alpha_n(E(v \mid v+\varepsilon) - p_{n-1}^*)^2 + \delta_n] \tag{3.15}$$

一阶条件要求:

$$2(q\alpha_n\gamma_n^2 - \lambda_n)x_n + (1 - 2q\alpha_n\gamma_n)(E(v \mid v+\varepsilon) - p_{n-1}^*) = 0 \tag{3.16}$$

对于混合策略来说,任意 x_n 可取到,因此,式(3.16)要求下列等式满足:

$$q\alpha_n\gamma_n^2 = \lambda_n, \quad 2q\alpha_n\gamma_n = 1 \tag{3.17}$$

因此,

$$\gamma_n = 2\lambda_n \tag{3.18}$$

由此,根据式(3.17)与假设式(3.14),我们可以得到:

$$\gamma_n = \frac{1}{2q\alpha_n} = \frac{2\lambda_{n+1}}{q} = \frac{1}{q\sigma_u}\sqrt{\frac{1-q^2}{1-q^{2(N-n)}}\Sigma_n}, \quad \lambda_n = \frac{1}{2q\sigma_u}\sqrt{\frac{1-q^2}{1-q^{2(N-n)}}\Sigma_n} \tag{3.19}$$

当信息还未泄露,根据半有效市场条件:

$$p_n = E[v \mid p_1^*, \cdots, p_{n-1}^*, x_n + u_n]$$
$$= p_{n-1}^* + E[v - p_{n-1}^* \mid \beta_n(E(v \mid v+\varepsilon) - p_{n-1}^*) + z_n + u_n]$$

因此,

$$\lambda_n = \frac{\beta_n\Sigma_{n-1}}{\beta_n^2\Sigma_{n-1} + \sigma_{z_n}^2 + \sigma_u^2} \tag{3.20}$$

相似的:

$$\gamma_n = \frac{\beta_n\Sigma_{n-1}}{\beta_n^2\Sigma_{n-1} + \sigma_{z_n}^2} \tag{3.21}$$

由式(3.18)、式(3.20)和式(3.21),我们可以得到:

$$\beta_n^2\Sigma_{n-1} + \sigma_{z_n}^2 = \sigma_u^2 \tag{3.22}$$

根据正态分布的方差的属性,可以得到:

$$\Sigma_n = \mathrm{var}(E(v \mid v+\varepsilon) \mid p_1^*, \cdots, p_n^*) = \mathrm{var}(E(v \mid v+\varepsilon) - p_{n-1}^* \mid x_n)$$

$$= \Sigma_{n-1} - \frac{\beta_n^2\sum_{n-1}^2}{\beta_n^2\sum_{n-1} + \sigma_{z_n}^2} = \Sigma_{n-1} - \gamma_n^2(\beta_n^2\Sigma_{n-1} + \sigma_{z_n}^2)$$

$$= \Sigma_{n-1} - \frac{1-q^2}{(1-q^{2(N-n)})q^2}\Sigma_n$$

即满足:

$$\Sigma_n = \frac{q^2(1-q^{2(N-n)})}{1-q^{2(N+1-n)}}\Sigma_{n-1} \tag{3.23}$$

因此,式(3.19)与式(3.23),可得 λ_n 满足式(3.6)。又由式(3.20)、式(3.22)和式(3.23),可得 β_n 满足式(3.8)。根据

式（3.22）和式（3.8），$\sigma_{z_n}^2$ 满足式（3.10）。最后，由式（3.15），可得 $\delta_n = q\delta_n = \cdots = q^{N-n+1}\delta_N = 0$，以及

$$\alpha_{n-1} = q\alpha_n(1 - \gamma_n\beta_n)^2 + (1 - \lambda_n\beta_n)\beta_n$$

$$= q\alpha_n = \frac{q}{4\lambda_{n+1}} = \frac{1}{4\lambda_n} = \frac{\sigma_u}{2}\sqrt{\frac{1 - q^{2(N+1-n)}}{(1 - q^2)\Sigma_{n-1}}}$$

第 4 章

不完全竞争与金融传染

本章以凯尔（Kyle，1985）单期模型为基础，通过设置两个相互独立的资产和一个内幕消息信号，重新分析了内部交易者的交易策略及其最终收益，检验了内幕信息结构变化可能导致的金融传染问题，从而将凯尔（Kyle，1985）模型进行了推广。本章得出的结论是，当信号中资产信息占比不一致时，金融传染较为明显；当信号只包含了一种资产的价值信息时，内部交易者可以通过对该资产的交易达到最大化其利润，此时该资产价格释放的信息量也达到最大。

4.1 导　　言

许多关于内部交易者的研究都是在凯尔（Kyle，1985）模型的基础上分析了一个资产的交易模型。凯尔（Kyle，1985）将市场中的投资者抽象地分为三类：一是风险中性的做市商，其作用是使交易资产价格达到半强式有效；二是具有内幕信息的理性内部交易者；三是多个投机性的噪声交易者，他们共同交易同种资产。然而，该假设具有明显的局限性，与现实存在很大区别。真实交易中往往存在不止一个具有信息优势的交易者，交易对象也通常为多种资产。由此，许多学者都在文章中对假设进行了推广和改进。霍顿和沙拔曼亚（Holden & Subrahmanyam，1992）的文章中假设市场中存在着多个内部交易者，并且他们能够凭借其长期信息优势进行多期策略交易。福斯特和维斯瓦纳坦（Foster & Viswanathan，1994）发表了一篇名为《不均衡信息内部交易者的交易策略》的文章，文中描述了两个拥有不同内幕消息的交易者，通过观察对方的交易数据探知对方的内幕信息。胡得特、胡戈斯和雷温（2001）以及刘和巩（2012）分别研究了内部交易者需要在事后公布股票交易的均衡结果。除此之外，许多学者还通过引入自信程度参数放宽投资者理性假设，从而对凯尔（Kyle，1985）基础模型进行改进。凯尔和王（Kyle & Wang，1997）在基础模型的基础上加入了投资者过度自信的假设，得出过度自信的交易者可以比采用理性策略的对手获得更多利润的结论。贝诺斯（Benos，1998）、格拉斯和韦伯（Glaser & Weber，2007）、周德清（2012）等人也都考虑了内部交易者对于内幕信息过度自信的情况，他们得出结论是交易量会上升。

从研究凯尔（Kyle，1985）模型的文献中，我们发现大量学者都对内部交易者数量及其差异化的自信水平条件进行了拓展，但均未考虑到交易资产种类对均衡的影响。然而，在真实的市场中，同内部交易者一样，有时并不只存在一种资产，而是存在两种或以上资产，交易者对资产也具有偏好。因此，本章中我们假设市场上存在两种资产，内部交易者通过市场信号进行策略交易。在这样的假设下，内部交易者和做市商均能够掌握市场释放的资产价值信号，它是资产价值的线性函数，当市场出清时，做市商会根据总交易量及资产价值信号进行综合定价。

基本结论是引入两种资产会对市场均衡产生影响，内部交易者和噪声交易者的期望利润以及市场未揭示的信息等都与市场信号相关，但是市场总交易量却不受市场信号的影响。两种资产的相关系数也与其在市场中所占比例相关，但二者之间不是简单的线性关系。资产价格的相关性证明了金融传染的存在。

4.2　模　　型

4.2.1　结构及定义

在凯尔（1985）模型和泊罗（Paolo，2006）模型的一期交易基础上，本章假设经济中有两种可交易风险资产，有三类风险中性的交易主体：一个内部交易者、一个做市商，以及多个噪声交易者。第一期期末交易出清。记风险资产 A 的事后清算价值为 $\tilde{v}$，服从均值为 0，方差为 σ_v^2 的正态分布。同理，风险资产 B 的事后清算价值为 $\tilde{\gamma}$，服从均值为 0，方差为 σ_v^2 的正态分布。噪声交易者对资产 A 和 B 的交易量分别记为 u_1 和 u_2，均服从均值为 0 的正态分布，方差分别为 σ_{u1}^2 和 σ_{u2}^2。四个随机变量 $\tilde{v}$，$\tilde{\gamma}$，

u_1 和 u_2 之间相互独立。

0 期，内幕消息被释放，内部交易者得到信号 s，s 服从如下分布：

$$s = \tilde{v} + \alpha \tilde{\gamma} + \varepsilon$$

其中，α 是常数，且 $\alpha \in R$。内部交易者通过观察信号 s 判断两种资产的价值，并分别确定 A、B 两种资产的交易量 x_1 和 x_2。根据噪声交易者与内部交易者的交易量之和 $(x_1 + u_1, x_2 + u_2)$，做市商判断并制定两种资产的市场出清价格。其中资产 A 的价格为 $p_1 = P(x_1 + u_1, s)$，资产 B 的价格定义为 $p_2 = P(x_2 + u_2, s)$。交易者在一期获得风险资产收益。

内部交易者的利润 $\tilde{\pi}$ 可定义为：

$$(\tilde{v} - p_1)x_1 + (\tilde{\gamma} - p_1)x_2$$

也可表达为 $\tilde{\pi} = \pi(X, p)$，其中 $X = (x_1, x_2)$。

定义：市场均衡被定义为内部交易者策略和价格向量 (X, p)，满足如下两个条件：

(1) 利润最大化条件。给定 $\tilde{v}$，$\tilde{\gamma}$，s 和任何其他交易策略 X'，都有：

$$E[\tilde{\pi}(X, p) \mid \tilde{v}, \tilde{\gamma}, s] \geqslant E[\tilde{\pi}(X', p) \mid \tilde{v}, \tilde{\gamma}, s]$$

(2) 市场有效性条件。0 期风险资产价格 $p_0 = 0$，1 期价格满足：

$$p_1 = E[\tilde{v} \mid x_1 + u_1, s]$$
$$p_2 = E[\tilde{v} \mid x_2 + u_2, s]$$

4.2.2 线性均衡

定理 1：假定 x_1，x_2，p_1，p_2 是线性函数时，存在唯一的均衡，且具有如下形式：

$$x_1 = X(\tilde{v}, s) = \beta_1 \tilde{v} + c_1 s \tag{4.1}$$

$$x_2 = X(\tilde{v}, s) = \beta_2 \tilde{v} + c_2 s \tag{4.2}$$

$$p_1 = P(x_1 + u_1, s) = \lambda_1 (x_1 + u_1) + \eta_1 s \tag{4.3}$$

$$p_2 = P(x_2 + u_2, s) = \lambda_2 (x_2 + u_2) + \eta_2 s \tag{4.4}$$

其中：

$$\beta_1 = \frac{1}{2\lambda_1} \tag{4.5}$$

$$c_1 = -\frac{\eta_1}{2\lambda_1} \tag{4.6}$$

$$\beta_2 = \frac{1}{2\lambda_2} \tag{4.7}$$

$$c_1 = -\frac{\eta_2}{2\lambda_2} \tag{4.8}$$

$$\lambda_1 = \frac{1}{2}\sqrt{\frac{\alpha^2\sigma_v^2\sigma_\gamma^2 + \sigma_v^2\sigma_\varepsilon^2}{(\sigma_v^2 + \alpha^2\sigma_\gamma^2 + \sigma_\varepsilon^2)\sigma_{u1}^2}} \tag{4.9}$$

$$\eta_1 = \frac{\sigma_v^2}{\sigma_v^2 + \alpha^2\sigma_\gamma^2 + \sigma_\varepsilon^2} \tag{4.10}$$

$$\lambda_2 = \frac{1}{2}\sqrt{\frac{\sigma_v^2\sigma_\gamma^2 + \sigma_\gamma^2\sigma_\varepsilon^2}{(\sigma_v^2 + \alpha^2\sigma_\gamma^2 + \sigma_\varepsilon^2)\sigma_{u2}^2}} \tag{4.11}$$

$$\eta_2 = \frac{\alpha\sigma_\gamma^2}{\sigma_v^2 + \alpha^2\sigma_\gamma^2 + \sigma_\varepsilon^2} \tag{4.12}$$

证明见本章附录。

4.2.3　数值结果

在这部分，我们将通过数值计算对模型具体分析，以发现 α 与其他均衡结果，如交易量、期望利润、未披露信息以及资产 A、B 的相关系数等的关系。

命题 1：资产 A 的期望交易量满足：

$$\frac{1}{2}(E\mid x_1\mid + E\mid x_1\mid + E\mid x_1 + u_1\mid) = \frac{1}{\sqrt{\pi}}(\sqrt{2}+1)\sigma_{u1} \tag{4.13}$$

资产 B 的期望交易量满足：

$$\frac{1}{2}(E\mid x_2\mid + E\mid x_2\mid + E\mid x_2 + u_2\mid) = \frac{1}{\sqrt{\pi}}(\sqrt{2}+1)\sigma_{u2} \tag{4.14}$$

显然，总交易量的期望不随着变化而变化。

证明见本章附录。

命题 2：市场均衡条件下，内部交易者的事前期望利润为：

$$E(\tilde{\pi}) = \frac{\sqrt{\alpha^2\sigma_v^2\sigma_\gamma^2 + \sigma_v^2\sigma_\varepsilon^2}\,\sigma_{u1} + \sqrt{\sigma_v^2\sigma_\gamma^2 + \sigma_\gamma^2\sigma_\varepsilon^2}\,\sigma_{u2}}{2\sqrt{\sigma_v^2 + \alpha^2\sigma_\gamma^2 + \sigma_\varepsilon^2}} \tag{4.15}$$

噪声交易者的事前期望利润为：

$$E(u_1(\tilde{v}-p_1) + u_2(\tilde{\gamma}-p_2)) = -\frac{\sqrt{\alpha^2\sigma_v^2\sigma_\gamma^2 + \sigma_v^2\sigma_\varepsilon^2}\,\sigma_{u1} + \sqrt{\sigma_v^2\sigma_\gamma^2 + \sigma_\gamma^2\sigma_\varepsilon^2}\,\sigma_{u2}}{2\sqrt{\sigma_v^2 + \alpha^2\sigma_\gamma^2 + \sigma_\varepsilon^2}}$$

$$\tag{4.16}$$

证明见本章附录。

图 4.1 描绘了内部交易者事前期望利润和 α 之间的关系曲线。很显然

可以得出，内部交易者和噪声交易者的期望利润之和为 0。当相关系数 α 值趋近于 0 时，内部交易者预期利润达到最大。此时，信号 S 只反映资产 A 和随机波动的取值，理性交易者无须从信号中分别资产 A、B 价值的占比，便可通过仅交易资产 A 一种资产已到达利润最大化。这种情况下的模型与凯尔（Kyle，1985）标准模型一致。当 α 的绝对值不断增加时，信号中资产 A 价值所占比例逐渐降低。当 α 的绝对值趋于无穷时，信号只反映资产 B 的信息，对资产 A 无效。

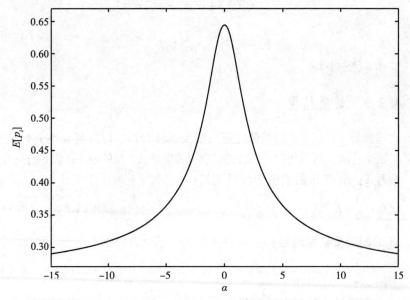

图 4.1　不同 α 下的内部交易者事前期望利润

注：假设风险资产 A 和 B 事前清算价值的方差为 1（$\sigma_v^2 = \sigma_\gamma^2 = 1$）；信号随机波动值的方差为 0.5（$\sigma_\varepsilon^2 = 0.5$）；噪声交易者交易量的方差为 0.5（$\sigma_{u1}^2 = \sigma_{u2}^2 = 0.5$）。

命题 3：资产 A、B 未释放的信息量为：

$$\mathrm{var}(\ \tilde{v}\ |\ p_1) = \frac{(\alpha^2 \sigma_\gamma^2 + \sigma_\varepsilon^2)\sigma_v^2}{2(\sigma_v^2 + \alpha^2 \sigma_\gamma^2 + \sigma_\varepsilon^2)} \tag{4.17}$$

$$\mathrm{var}(\ \tilde{\gamma}\ |\ p_2) = \frac{(\sigma_v^2 + \sigma_\varepsilon^2)\sigma_\gamma^2}{2\sigma_v^2 + 2\alpha^2 \sigma_\gamma^2 + 2\sigma_\varepsilon^2} \tag{4.18}$$

证明见本章附录。

图 4.2 描绘了未释放信息量与 α 的关系曲线。从图中可以看出，资产 A 未释放的信息量在 $\alpha = 0$ 略大于 0，达到最小值，并且随着 α 绝对值的增加而不断增加。这是因为当 $\alpha = 0$ 时，信号表示资产 A 的实际价值，其准确性

只受随机波动 ε 的影响。当 α 的绝对值增大时，内部交易者所获得的资产 A 信息逐渐减少。当 α 的绝对值趋于无穷时，相当于知道了资产 B 的全部信息，此时资产 B 价格所反映的信息量最大。因此，由于资产 A、B 的相关性，资产 A 的事前清算价值可被部分预测，其价格中反映了一半的信息。

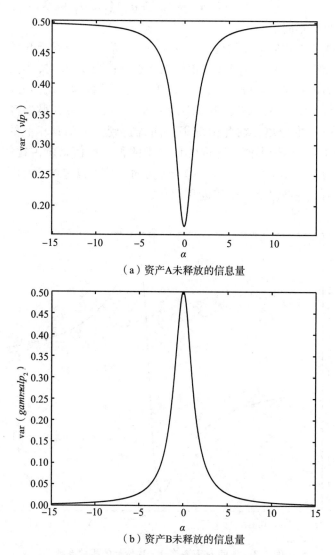

（a）资产A未释放的信息量

（b）资产B未释放的信息量

图4.2　不同 α 下的未释放信息量

注：假设风险资产 A 和 B 事前清算价值的方差为 1（$\sigma_v^2 = \sigma_\gamma^2 = 1$）；信号随机波动值的方差为 0.5（$\sigma_\varepsilon^2 = 0.5$）；噪声交易者交易量的方差为 0.5（$\sigma_{u1}^2 = \sigma_{u2}^2 = 0.5$）。

命题 4：资产 A 和资产 B 的协方差与相关系数

$$\text{cov}(p_1, p_2) = \frac{3}{4} \frac{\alpha \sigma_v^2 \sigma_\gamma^2}{\sigma_v^2 + \alpha^2 \sigma_\gamma^2 + \sigma_\varepsilon^2} \qquad (4.19)$$

$$\text{corr}(p_1, p_2) = \frac{3\alpha\sigma_v\sigma_\gamma}{2\sqrt{(2\sigma_v^2 + \alpha^2\sigma_\gamma^2 + \sigma_\varepsilon^2)(2\alpha^2\sigma_\gamma^2 + \sigma_v^2 + \sigma_\varepsilon^2)}} \qquad (4.20)$$

证明见本章附录。

在图 4.3 中我们可以发现，当 $\alpha = 0$ 时，资产 A 和资产 B 的相关系数约为 0，此时资产 A 和资产 B 的价格相互独立；当 $\alpha > 0$ 时，资产 A、B 的相关系数为正；当 $\alpha < 0$ 时，资产 A、B 的相关系数为负。当 $\alpha = 1$ 时，信号中所包含的资产 A 和资产 B 的比例一致，内部交易者很难将两种资产的信息从信号中分离。在此情况下，曲线达到最大值；相似的，当 $\alpha = -1$ 时，曲线达到最小值。这说明信号中两种资产信息所占比例越相近，两种资产的价格就越相关。当 α 趋于无穷时，信号只包含了资产 B 的信息和随机波动，曲线趋于一个接近 0 的常数。

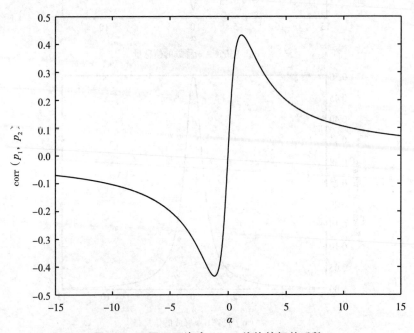

图 4.3 不同 α 下资产 A、B 价格的相关系数

注：假设风险资产 A 和 B 事前清算价值的方差为 1（$\sigma_v^2 = \sigma_\gamma^2 = 1$）；信号随机波动值的方差为 0.5（$\sigma_\varepsilon^2 = 0.5$）；噪声交易者交易量的方差为 0.5（$\sigma_{u1}^2 = \sigma_{u2}^2 = 0.5$）。

4.3 结 论

本章通过引入两种独立资产对经典的凯尔（Kyle，1985）进行了推广，重新研究了内部交易者的交易策略及其最终获取的策略收益。本章第4.2 节通过研究信号中不同资产信息占比与参数的关系，着重分析了两种资产间的相关性，得出了具有推广性的结论。

本章研究发现，当信号只显示资产 A 或资产 B 的信息时，内部交易者可通过策略交易该种资产最大化其收益。当信号中存在一种资产的信息时，做市商也可通过二者价格的相关性，从内部交易者的行为中学习到另一种资产的信息。由于信号的存在，资产 A 和资产 B 的价格具有相关性，相关性的强弱取决于信号表达式中资产所占比例，比例越接近，相关性也越大。这说明，一种资产价格的改变，在一定条件下会影响另一种资产的价格，即证明了金融传染的存在。

4.4 附 录

（1）定理 1 证明

我们假设线性均衡形式如下：

$$x_1 = X(\tilde{v}, s) = \beta_1 \tilde{v} + c_1 s \tag{4.21}$$

$$x_2 = X(\tilde{\gamma}, s) = \beta_2 \tilde{\gamma} + c_2 s \tag{4.22}$$

$$p_1 = P(x_1 + u_1, s) = \lambda_1 (x_1 + u_1) + \eta_1 s \tag{4.23}$$

$$p_2 = P(x_2 + u_2, s) = \lambda_2 (x_2 + u_2) + \eta_2 s \tag{4.24}$$

其中，系数 β_1，β_2，c_1，c_2，λ_1，λ_2，η_1，η_2 为需要解出的常数。
首先，我们计算了内部交易者基于自身信息的期望利润：

$$E[\tilde{\pi}(X, p) \mid \tilde{v}, \tilde{\gamma}, \tilde{s}]$$

$$= E[(\tilde{v} - p_1)x_1 + (\tilde{\gamma} - p_2)x_2 \mid \tilde{v}, \tilde{\gamma}, \tilde{s}]$$

$$= E[(\tilde{v} - \lambda_1(x_1 + u_1) - \eta_1 s)x_1 + (\tilde{\gamma} - \lambda_2(x_2 + u_2) - \eta_2 s)x_2 \mid \tilde{v}, \tilde{\gamma}, \tilde{s}]$$

$$= (\tilde{v} - \lambda_1 x_1 - \eta_1 s)x_1 + (\tilde{\gamma} - \lambda_2 x_2 - \eta_2 s)x_2 \tag{4.25}$$

根据一阶条件，我们得到：

$$x_1 = \frac{\tilde{v} - \eta_1 s}{2\lambda_1} \tag{4.26}$$

$$x_2 = \frac{\tilde{\gamma} - \eta_2 s}{2\lambda_2} \tag{4.27}$$

比较式 (4.21)、式 (4.22)、式 (4.26) 和式 (4.27),可得,

$$
\begin{cases}
\beta_1 = \dfrac{1}{2\lambda_1} \\[2mm]
C_1 = -\dfrac{\eta_1}{2\lambda_1} \\[2mm]
\beta_2 = \dfrac{1}{2\lambda_2} \\[2mm]
C_2 = -\dfrac{\eta_2}{2\lambda_2}
\end{cases}
$$

根据中强有效市场定价条件,我们可以得到:

$$
\begin{aligned}
p_1 &= E[\ \tilde{v} \ | x_1 + u_1, \ s\ ] \\
&= E[\ \tilde{v} \ | \beta_1 \tilde{v} + C_1 s + u_1, \ s\ ]
\end{aligned} \tag{4.28}
$$

因此,

$$
\begin{pmatrix} \tilde{v} \\ x_1 + u_1 \\ s \end{pmatrix} \sim N \left(\begin{pmatrix} 0 \\ 0 \\ 0 \end{pmatrix}, \begin{pmatrix} \sum_{11} & \sum_{12} & \sum_{13} \\ \sum_{21} & \sum_{22} & \sum_{23} \\ \sum_{31} & \sum_{32} & \sum_{33} \end{pmatrix} \right)
$$

其中,

$$\sum_{11} = \sigma_v^2$$

$$\sum_{12} = \sum_{21} = (\beta_1 + C_1)\sigma_v^2$$

$$\sum_{13} = \sum_{31} = \sigma_v^2$$

$$\sum_{22} = (\beta_1 + C_1)^2\sigma_v^2 + \alpha^2 C_1^2 \sigma_\gamma^2 + C_1^2 \sigma_\varepsilon^2 + \sigma_{u1}^2$$

$$\sum_{23} = \sum_{32} = (\beta_1 + C_1)\sigma_v^2 + \alpha^2 C_1 \sigma_\gamma^2 + C_1 \sigma_\varepsilon^2$$

$$\sum_{33} = \sigma_v^2 + \alpha^2 \sigma_\gamma^2 + \sigma_\varepsilon^2 \tag{4.29}$$

令 $D = \begin{pmatrix} \sum_{22} & \sum_{23} \\ \sum_{32} & \sum_{33} \end{pmatrix}$,矩阵 D 的行列式为:

$$|D| = \alpha^2\beta_1^2\sigma_v^2\sigma_\gamma^2 + \sigma_v^2\sigma_{u1}^2 + \alpha^2\sigma_\gamma^2\sigma_{u1}^2 + \sigma_\varepsilon^2\sigma_{u1}^2 + \beta_1^2\sigma_v^2\sigma_\varepsilon^2 \tag{4.30}$$

由此，式（4.28）可表达为：

$$p_1 = E[\tilde{v} \mid x_1 + u_1, \ s]$$

$$= \left(\sum_{12}, \ \sum_{13}\right) \begin{pmatrix} \sum_{22} & \sum_{23} \\ \sum_{32} & \sum_{33} \end{pmatrix}^{-1} \begin{pmatrix} x_1 + u_1 \\ s \end{pmatrix}$$

$$= \frac{1}{|D|}(\alpha^2\beta_1\sigma_v^2\sigma_\gamma^2 + \beta_1\sigma_v^2\sigma_\varepsilon^2)(x_1 + u_1) + \frac{1}{|D|}(-\alpha^2\beta_1 C_1\sigma_v^2\sigma_\gamma^2 - \beta_1 C_1\sigma_v^2\sigma_\varepsilon^2 + \sigma_v^2\sigma_{u1}^2)s$$

因此，我们可以得到：

$$\begin{cases} \lambda_1 = \dfrac{1}{|D|}(\alpha^2\beta_1\sigma_v^2\sigma_\gamma^2 + \beta_1^2\sigma_v^2\sigma_\varepsilon^2) \\[2mm] \eta_1 = \dfrac{1}{|D|}(-\alpha^2\beta_1 C_1\sigma_v^2\sigma_\gamma^2 - \beta_1 C_1\sigma_v^2\sigma_\varepsilon^2 + \sigma_v^2\sigma_{u1}^2) \end{cases} \tag{4.31}$$

将式（4.30）代入式（4.31）可得：

$$\lambda_1 = \frac{1}{2}\sqrt{\frac{\alpha^2\sigma_v^2\sigma_\gamma^2 + \sigma_v^2\sigma_\varepsilon^2}{(\sigma_v^2 + \alpha^2\sigma_\gamma^2 + \sigma_\varepsilon^2)\sigma_{u1}^2}}$$

$$\eta_1 = \frac{\sigma_v^2}{\sigma_v^2 + \alpha^2\sigma_\gamma^2 + \sigma_\varepsilon^2} \tag{4.32}$$

同理可得：

$$\lambda_2 = \frac{1}{2}\sqrt{\frac{\sigma_v^2\sigma_\gamma^2 + \sigma_\gamma^2\sigma_\varepsilon^2}{(\sigma_v^2 + \alpha^2\sigma_\gamma^2 + \sigma_\varepsilon^2)\sigma_{u2}^2}}$$

$$\eta_2 = \frac{\alpha\sigma_\gamma^2}{\sigma_v^2 + \alpha^2\sigma_\gamma^2 + \sigma_\varepsilon^2} \tag{4.33}$$

（2）命题 1 证明

由定理 1 可知：

$$x_1 = \frac{\tilde{v} - \eta_1 s}{2\lambda_1} = \frac{(1 - \eta_1)\tilde{v} - \alpha\eta_1\tilde{\gamma} - \eta_1\varepsilon}{2\lambda_1} \tag{4.34}$$

$$x_2 = \frac{\tilde{\gamma} - \eta_2 s}{2\lambda_2} = \frac{(1 - \alpha\eta_2)\tilde{\gamma} - \eta_2\tilde{v} - \eta_2\varepsilon}{2\lambda_2} \tag{4.35}$$

因此，资产 A 的期望交易量可表示为：

$$\frac{1}{2}(E|x_1| + E|u_1| + E|x_1 + u_1|) = \sqrt{\frac{1}{2\pi}}(\sqrt{\text{var}x_1} + \sqrt{\text{var}u_1} + \sqrt{\text{var}x_1 + \text{var}u_1})$$

$$= \frac{1}{\sqrt{\pi}}(\sqrt{2} + 1)\sigma_{u1}$$

其中，

$$\mathrm{var}\, x_1 = \sigma_{u1}^2$$

$$\mathrm{var}\, u_1 = \sigma_{u1}^2$$

同理，

$$\frac{1}{2}(E|x_2| + E|u_2| + E|x_2 + u_2|) = \frac{1}{\sqrt{\pi}}(\sqrt{2}+1)\sigma_{u2}$$

（3）命题 2 证明

由定理 1，我们可以计算出内部交易者的事前期望利润：

$$E(\tilde{\pi}(X, p)) = E[E(\tilde{\pi}(X, p) \mid \tilde{v}, \tilde{\gamma}, \tilde{s})]$$

$$= E\left[\frac{(\tilde{v} - \eta_1 s)^2}{4\lambda_1} + \frac{(\tilde{\gamma} - \eta_2 s)^2}{4\lambda_2}\right]$$

$$= \frac{(1-\eta_1)^2\sigma_v^2 + \alpha^2\eta_1^2\sigma_\gamma^2 + \eta_1^2\sigma_\varepsilon^2}{4\lambda_1} + \frac{(1-\alpha\eta_2)^2\sigma_\gamma^2 + \eta_2^2\sigma_v^2 + \eta_2^2\sigma_\varepsilon^2}{4\lambda_2}$$

$$= \frac{\sqrt{\alpha^2\sigma_v^2\sigma_\gamma^2 + \sigma_v^2\sigma_\varepsilon^2}\,\sigma_{u1} + \sqrt{\sigma_v^2\sigma_\gamma^2 + \sigma_\gamma^2\sigma_\varepsilon^2}\,\sigma_{u2}}{2\sqrt{\sigma_v^2 + \alpha^2\sigma_\gamma^2 + \sigma_\varepsilon^2}} \qquad (4.36)$$

同理，噪声交易者的事前期望利润计算如下：

$$E[u_1(\tilde{v} - p_1) + u_2(\tilde{\gamma} - p_2)]$$

$$= E\left[u_1\left(\frac{\tilde{v} - \eta_1 s}{2} - \lambda_1 u_1\right) + u_2\left(\frac{\tilde{\gamma} - \eta_2 s}{2} - \lambda_2 u_2\right)\right]$$

$$= -\lambda_1\sigma_{u1}^2 - \lambda_2\sigma_{u2}^2$$

$$= -\frac{\sqrt{\alpha^2\sigma_v^2\sigma_\gamma^2 + \sigma_v^2\sigma_\varepsilon^2}\,\sigma_{u1} + \sqrt{\sigma_v^2\sigma_\gamma^2 + \sigma_\gamma^2\sigma_\varepsilon^2}\,\sigma_{u2}}{2\sqrt{\sigma_v^2 + \alpha^2\sigma_\gamma^2 + \sigma_\varepsilon^2}} \qquad (4.37)$$

（4）命题 3 证明

资产 A 和资产 B 未释放的信息可以表示如下：

$$\mathrm{var}(\tilde{v} \mid p_1) = \mathrm{var}(\tilde{v} \mid \lambda_1(x_1 + u_1) + \eta_1\tilde{s})$$

$$= \sigma_v^2 - \frac{\mathrm{cov}^2(\tilde{v}, \lambda_1(x_1 + u_1) + \eta_1\tilde{s})}{\mathrm{var}(\lambda_1(x_1 + u_1) + \eta_1\tilde{s})}$$

$$= \sigma_v^2 - \frac{(2\sigma_v^2 + \alpha^2\sigma_\gamma^2 + \sigma_\varepsilon^2)\sigma_v^2}{2\sigma_v^2 + 2\alpha^2\sigma_\gamma^2 + 2\sigma_\varepsilon^2}$$

$$= \frac{(\alpha^2\sigma_\gamma^2 + \sigma_\varepsilon^2)\sigma_v^2}{2(\sigma_v^2 + \alpha^2\sigma_\gamma^2 + \sigma_\varepsilon^2)} \qquad (4.38)$$

$$\mathrm{var}(\tilde{\gamma} \mid p_2) = \mathrm{var}(\tilde{\gamma} \mid \lambda_2(x_2 + u_2) + \eta_2\tilde{s})$$

$$= \sigma_\gamma^2 - \frac{\mathrm{cov}^2(\,\widetilde{\gamma}\,,\,\lambda_2(x_2+u_2)+\eta_2\,\widetilde{s}\,)}{\mathrm{var}(\lambda_2(x_2+u_2)+\eta_2\,\widetilde{s}\,)}$$

$$= \sigma_\gamma^2 - \frac{(\sigma_v^2+2\alpha^2\sigma_\gamma^2+\sigma_\varepsilon^2)\sigma_\gamma^2}{2\sigma_v^2+2\alpha^2\sigma_\gamma^2+2\sigma_\varepsilon^2}$$

$$= \frac{(\sigma_v^2+\sigma_\varepsilon^2)\sigma_\gamma^2}{2\sigma_v^2+2\alpha^2\sigma_\gamma^2+2\sigma_\varepsilon^2} \tag{4.39}$$

（5）命题 4 证明

在我们计算资产 A 和资产 B 的相关系数前，我们可以先计算出 p_1 和 p_2：

$$p_1 = P(x_1+u_1,\ \widetilde{s}\,)$$

$$= \lambda_1(x_1+u_1)+\eta_1\widetilde{s}$$

$$= \frac{1}{2}\left(\widetilde{v}+\frac{\sigma_v^2}{\sigma_v^2+\alpha^2\sigma_\gamma^2+\sigma_\varepsilon^2}(\,\widetilde{v}+\alpha\widetilde{\gamma}+\varepsilon)+\sqrt{\frac{\alpha^2\sigma_v^2\sigma_\gamma^2+\sigma_v^2\sigma_\varepsilon^2}{(\sigma_v^2+\alpha^2\sigma_\gamma^2+\sigma_\varepsilon^2)\sigma_{u1}^2}}u_1\right)$$
$$\tag{4.40}$$

$$p_2 = P(x_2+u_2,\ \widetilde{s}\,)$$

$$= \lambda_2(x_2+u_2)+\eta_2\widetilde{s}$$

$$= \frac{1}{2}\left(\widetilde{\gamma}+\frac{\alpha\sigma_\gamma^2}{\sigma_v^2+\alpha^2\sigma_\gamma^2+\sigma_\varepsilon^2}(\,\widetilde{v}+\alpha\widetilde{\gamma}+\varepsilon)+\sqrt{\frac{\sigma_v^2\sigma_\gamma^2+\sigma_\gamma^2\sigma_\varepsilon^2}{(\sigma_v^2+\alpha^2\sigma_\gamma^2+\sigma_\varepsilon^2)\sigma_{u2}^2}}u_2\right)$$
$$\tag{4.41}$$

所以：

$$\mathrm{cov}(p_1,\ p_2) = \mathrm{cov}\left(\frac{1}{2}\left(\widetilde{v}+\frac{\upsilon_v^2}{\sigma_v^2+\alpha^2\sigma_\gamma^2+\sigma_\varepsilon^2}(\,\widetilde{v}+\widetilde{\alpha\gamma}+\varepsilon)\right),\right.$$

$$\left.\frac{1}{2}\left(\widetilde{\gamma}+\frac{\alpha\sigma_\gamma^2}{\sigma_v^2+\alpha^2\sigma_\gamma^2+\sigma_\varepsilon^2}(\,\widetilde{v}+\widetilde{\alpha\gamma}+\varepsilon)\right)\right)$$

$$= \frac{3}{4}\times\frac{\alpha\sigma_v^2\sigma_\gamma^2}{\sigma_v^2+\alpha^2\sigma_\gamma^2+\sigma_\varepsilon^2} \tag{4.42}$$

因此，我们可以直接计算得到：

$$\mathrm{corr}(p_1,\ p_2) = \frac{\mathrm{cov}(p_1,\ p_2)}{\sqrt{\mathrm{var}(p_1)\cdot\mathrm{var}(p_2)}}$$

$$= \frac{3\alpha\sigma_v\sigma_\gamma}{2\sqrt{(2\sigma_v^2+\alpha^2\sigma_\gamma^2+\sigma_\varepsilon^2)(2\alpha^2\sigma_\gamma^2+\sigma_v^2+\sigma_\varepsilon^2)}} \tag{4.43}$$

第 5 章

基于信息内生化的内幕交易和
股权激励合同设计

本章内生化了经理人所获内幕信息的精度,研究金融市场竞争和实体经济竞争对经理人内幕交易、市场深度、价格有效性的影响,以及公司和经理人股权激励合同的制定问题。研究发现:首先,当公司价值较小时,经理人会努力获取内幕信息,并且金融市场和实体经济的竞争程度越大,经理人获取内幕信息的努力程度就越小;实体经济竞争程度加剧,经理人从公司合同中获得的股权激励增多;金融市场的竞争可能会提高价格的有效性,也可能会降低价格的有效性。而实体经济的竞争会降低价格的有效性。其次,当公司价值较大时,经理人不会努力地获取内幕信息;金融市场竞争程度加剧,经理人从公司合同中获得的股权激励减少;金融市场的竞争会提高价格的有效性。最后,不管公司价值是较大,还是较小,金融市场的竞争均会使得经理人的内幕交易强度下降,市场深度增加。

5.1 背景与文献综述

内幕交易是一个很有意思的问题,受到国外学者的广泛关注(Kihlstrom & Mirman,1977;Grossman & Stiglitz,1980;Kyle,1985;Ausubel,1990)。同时张新、祝红梅(2003)运用事件研究法证实了内幕交易在中国也必定存在,而且比成熟市场更加严重。因此在国内深入研究内幕交易也具有很大的意义。国外学者对内幕交易的研究文献层出不穷,其中,凯尔(Kyle,1985)建立了经典的内幕交易模型。在凯尔一期模型中,存在三类市场主体:一个做市商、一个内幕交易者和若干噪声交易者。内幕交易者获得一个精准的内幕信息,然后基于此信息制定股票交易策略;噪声交易者的交易为内幕交易者提供了掩护，做市商基于总股票交易量制定股票交易价格。在此模型下，内幕交易者凭借精准的内幕信息从股票市场获得了利润，而噪声交易者遭受了损失。信息释放了一半，并且不依赖于外生变量。霍顿和沙拔曼亚（Holden & Subrahmanyam，1992）在凯尔（Kyle，1985）的基础上引入了内幕交易者之间的竞争，发现内幕交易者之间的竞争使得信息释放速度大幅加快，并且当拍卖间隔无穷小时，市场深度趋于无穷大，信息立即被全部释放。此外，胡达特等（Huddart，Hughes & Levine，1998）从市场交易规则层面对凯尔（Kyle，1985）进行了拓展，即内幕交易者提交的股票交易量需要公开。紧接着，曹和马（Cao & Ma，1999）在他们的工作基础上，加入了内幕交易者之间的竞争。结果表明内幕交易更加活跃，信息释放速度更快。但是这些研究都假设内幕交易者获得了精准的内幕信息，没有考虑到内幕信息的精度问题。福斯特和维斯瓦纳坦（Foster & Viswanathan，1994）将信息精度纳入分析框架，分析了离散情形下内幕交易者之间的不完美竞争，即存在一个内幕交易者，不仅知道自己的内幕信息，而且知道其他所有人的内幕信息。之后，福斯特和维斯瓦纳坦（Foster & Viswanathan，1996）又研究了内幕交易者之间的异质化竞争。即内幕交易者之间不仅存在竞争，而且所获的内幕信息各不相同。结果发现内幕交易者的利润和价格的有效性与内幕交易者信息之间的联系具有密切的关系。贝克等（Back，Cao & Willard，2000）进一步将福斯特和维斯瓦纳坦（Foster & Viswanathan，1996）推广到了连续情形，周（Zhou，2015）在福斯特和维斯瓦纳坦（Foster & Viswanathan，1994）的基础上引入了过度自信。然而这些研究虽然考虑了信息精度，但信息精度仍旧是外生给定的，没有考虑到信息的内生化问题。凯尔等（Kyle，Ou-yang & Wei，2011）内生化了内幕信息的精度，建立了一个综合策略交易和基金管理的模型。戈德斯坦和杨（Goldstein & Yang，2014）研究了信息多样性、交易互补和信息内生获取，结果表明由于交易互补，信息多样性提高了价格有效性。但是以上的所有研究都是基于分割市场，即只考虑了单一的金融市场，没有将实体经济纳入分析框架。

将金融市场（只考虑一个简单的金融市场，即只有股票市场）和实体经济看成一个整体，进而对内幕交易进行研究的文章相对较少（Leland，1992；Manove，1989；Jain & Mirman，2000；Dow & Rahi，2003；Rondina & Shim，2015），其中，以 Jain 和 Mirman（2000）建立的模型（简称 JM

模型）较为经典。在该论文中，金融市场的主体和凯尔（Kyle，1985）相同，但内幕交易者同时也是一家公司的经理人，他不仅制定在股票市场上的交易量，还需要确定公司的产量。公司通过与经理人签订合同解决委托—代理问题。此外，做市商基于股票交易量和商品价格两个信息制定股票价格。研究发现，信息的释放程度得到了提升，经理人获得的利润下降。之后，珍妮和米尔曼（Jain & Mirman，2002）在JM模型的基础上引入了实体经济的竞争，达海尔和米尔曼（Daher & Mirman，2006）在JM模型的基础上引入了金融市场上的竞争，他们同时考虑了实体经济和金融市场上的竞争。文章最后发现金融市场和实体经济的竞争，使得价格的有效性得到了更大程度的提升，而经理人的利润变动方向不定。然而这些模型虽然将实体经济和金融市场纳入同一个框架，但仍没有脱离"内幕信息精准"的前提假设，没有考虑到内幕信息的精度问题以及内生化获取问题。此外，公司制订的补偿计划与经理人买卖股票的行为挂钩，即当经理人买入公司股票时，给予经理人一定的奖励；而当经理人卖出公司股票时，经理人会受到一定的惩罚。这样的合同设置不甚合理。

相比国外对内幕交易卷帙浩繁的研究，国内对内幕交易的研究相对较少。缪新琼、邹恒甫（2004）以凯尔（Kyle，1985）一期模型为基础，研究了弱式有效市场和内幕信息扭曲对内幕交易者交易策略和最终受益的影响。结果表明内幕交易者的信息垄断地位得到加强，收益增多。刘晓峰、曹华（2010）在JM模型的基础上，加入了经理人的效用函数，分析了上市公司管理层报酬与公司股价、市场均衡之间的关系。研究表明上市公司高管拿到较高的薪酬在某种意义上是市场经济下难以避免的结果。之后刘晓峰（2012）又在此基础上引入了对内幕交易行为的监管，发现如果不给予经理人某种形式的额外补偿，那么无论怎么加强对内幕交易行为的监管都是无效的。但是如果给予经理人某种补偿，对内幕交易的监管是可以提升市场效率的。同样，国内的这些研究也全部是基于精准的内幕信息进行的，而且公司与经理人制订的补偿计划仍旧与经理人的股票买卖行为相联系。

本章借鉴凯尔等（Kyle，Ou-yang，Wei，2011）内生化内幕信息精度的方法，以达海尔和米尔曼（Daher & Mirman，2006）模型为基础，研究了经理人所获内幕信息精度内生化后，金融市场竞争和实体经济的竞争对经理人内幕交易、市场深度、价格有效性的影响以及公司和经理人的合同制定问题。在达海尔和米尔曼（Daher & Mirman，2006）中，由于经理人和噪声交易者之间的信息不对称,经理人可以通过"卖空公司股票,然后搞垮公司"的形式从股票市场获得丰厚的利润。因此公司需要和经理人制定合同以期经理人努力发展公司,提升公司价值。传统文献中公司对经理人的补偿计划与经理人的股票买卖行为相挂钩,而本章采用更加合理的合同——股权激励合同,来解决公司与经理人之间的委托—代理矛盾。具体来说,合同形式为公司给予经理人一定的公司股权份额,在这样的合同制定下,一方面经理人因为获得了公司的股权,不会在股票市场卖空公司股票;另一方面由于经理人信息内生化获取,如果经理人提升获取内幕信息的努力程度,那么经理人运用更加精准的内幕信息从股票市场上获利更多,但同时从公司合同中拿到的补偿越少(因为公司合同是为了抑制经理人的内幕交易行为)。如果经理人降低获取内幕信息的努力程度,那么公司合同给予经理人的补偿虽然增多,但是经理人从股票市场上的获利因信息精度的下降而减少。因此经理人总要在内幕交易和合同补偿两者之间做权衡。所以有很多值得讨论的问题:第一,这样的股权激励合同存在吗?如果存在的话,它与哪些因素有关,又是如何受到这些因素的影响的?第二,经理人获取内幕信息的最优努力程度存在吗?如果存在的话,最优努力程度如何受到模型变量的影响?第三,在经理人获取内幕信息的最优努力程度存在前提下,模型变量会通过影响经理人获取内幕信息的努力程度,影响到内幕信息的精度,进而又会影响到经理人参与内幕交易的强度、市场深度、价格有效性等,那么模型变量具体是怎样影响内幕交易强度、市场深度和价格有效性呢?第四,如果将金融市场和实体经济的竞争程度一般化,那么当竞争程度加剧时,均衡结果(包括经理人获取内幕信息的努力程度、股权激励合同的制定、内幕交易的强度、市场深度和价格有效性等)又是如何变化的呢?

基于三点:第一,实体经济和金融市场同时存在,互相影响;第二,经理人内幕信息存在一定的精度,精度可以外生,也可以内生;第三,公司和经理人之间签订股权激励合同,本章提出了两个模型。第一个模型(称为基准模型)中,我们假设经理人所获的内幕信息有一个外生给定的模糊度,第二个模型(称为内生化信息模型)中,经理人内幕信息的精度是内生化的,即经理人通过自身的努力,付出成本以获取内幕信息。

当经理人内幕信息的精度外生给定时,本章节得到了一些有趣的结论:第一,内幕信息越不精确,金融市场竞争越激烈,内幕交易的强度越低；第二，金融市场和实体经济的竞争均会增加金融市场的深度；第三，经理人内幕信息越模糊，从合同中得到的股权份额越多。但金融市场的竞争会降低经理人从合同中获得的股权份额；第四，金融市场的竞争提高了价格的有效性程度，但内幕信息的模糊度降低了价格的有效性程度。

然而当经理人内幕信息的精度内生化后，针对公司价值比较小时，本章节得到了更丰富的结论：第一，经理人会努力获取内幕信息，而且噪声交易者的噪声越大，经理人越努力地获取内幕信息。但金融市场和实体经济的竞争程度越大，经理人获取内幕信息的努力程度就越小，特别的，当金融市场和实体经济竞争十分激烈时，经理人不再获取内幕信息；第二，金融市场和实体经济的竞争加剧均会使得经理人内幕交易的强度下降，市场深度增加；第三，实体经济竞争的加剧会使得经理人从公司合同中获得的股权份额增多；第四，金融市场的竞争可能会提高价格的有效性，也可能会降低价格的有效性。实体经济的竞争会降低价格的有效性。

与已有文献相比，从建模的角度看，本章内生化了经理人的信息精度，研究了股权激励合同的设置，理论证明了均衡结果的存在唯一性、股权激励合同的存在唯一性、经理人获取信息的最优努力程度的存在性以及如何受模型变量影响。从结果来看，本章与达海尔和米尔曼（Daher & Mirman，2006）相比有很大的不同，详细来说，本章的均衡结果（内生化信息模型）均与经理人获取内幕信息的最优努力程度有关。经理人参与内幕交易的期望交易量减少，市场深度得到提升；价格有效性下降，并且价格有效性在某些情况下不再是金融市场竞争程度的单调增函数，即在某些情况下价格有效性会随着金融市场竞争程度的加剧而降低，因为金融市场竞争程度越激烈。一方面，由于基于信息的交易量增多，价格有效性提升；另一方面，金融市场的竞争会使得经理人获取内幕信息的努力程度降低，内幕信息的精度下降，价格有效性下降，由于某些情况下后者会占据主导地位，所以金融市场竞争越激烈，价格有效性反而越弱。此外，实体经济的竞争会降低价格的有效性，而不是提高价格的有效性，因为实体经济的竞争使得经理人获取内幕信息的努力程度下降，信息精度随之下降，价格有效性因而变低。在达海尔和米尔曼（Daher & Mirman，2006）的研究中，金融市场与实体经济的相互影响是通过做市商观测来自金融市场和实体经济的两个信号实现的，而本章中二者的相互影响是通过经理人获取内幕信息的努力程度实现的。

5.2　基准模型

5.2.1　模型介绍

考虑一个由实体经济和金融市场组成的经济体。实体经济中有 $N+1$ 家公司，它们生产同一种商品，并且生产商品没有任何成本。公司 1 的股东雇用一个经理人，他决定着该公司的产出水平。公司 1 产品的反需求函数如下：

$$\tilde{q} = (a - bY)\,\tilde{z} \qquad a,\ b > 0$$

其中，$\tilde{z}$ 是一个服从正态分布的随机变量，均值为 $\bar{z}$，方差为 σ_z^2。$\tilde{q}$ 为公司 1 产品的价格，$Y = \sum\limits_{i=1}^{N+1} y_i$ 为实体经济中所有公司的总产量，其中 y_1 为公司 1 的产量，y_i，$i = 2$，$\cdots$，$N+1$ 分别为公司 2 到公司 $N+1$ 的产量。

实体经济的 $N+1$ 家公司只有公司 1 上市，所以金融市场上所交易的资产就只有公司 1 的股票，股票的价值（记为 v）等于公司的每股净利润。假设公司 1 的股份数为 1，则有：

$$\tilde{v} = (a - bY)y_1\,\tilde{z}$$

公司 1 的经理人在决定公司产量的同时，还利用他获得的内幕信息参与到金融市场上股票的买卖活动。公司 1 的 M 个股东也会参与股票的买卖活动，并且假设他们所获得的内幕信息与经理人相同。

金融市场上存在 3 种经济主体。首先是内幕交易者，包括公司 1 的经理人和 M 个股东。他们获得的内幕信息（记为 $\tilde{\theta}$）具有一定的噪声，并且始终保持一致。具体形式如下：

$$\tilde{\theta} = \tilde{z} + \tilde{\varepsilon}$$

其中，$\tilde{\theta}$ 为经理人获得的内幕信息，$\tilde{\varepsilon}$ 是与 $\tilde{z}$ 独立的噪声，$\tilde{\varepsilon} \sim N(0,\ \sigma_\varepsilon^2)$。经理人和股东基于获得的内幕信息决定提交的股票交易量，记为 $\tilde{x}_i$（其中，$\tilde{x}_1$ 为经理人提交的股票量，$\tilde{x}_i$，$i = 2$，$\cdots$，$M+1$ 为 M 个股东各自提交的股票量）；然后是噪声交易者，他们没有任何的内幕信息，所提交的总股票交易量 $\tilde{u}$ 假设为一个随机变量，服从均值为 0、方差为 σ_u^2 的正态分布，并且和 $\tilde{z}$，$\tilde{\varepsilon}$ 独立；最后是金融市场上的竞争性做市商，他们只观测总股票交易量，并基于总股票交易量制定股票的价格。

借鉴凯尔（Kyle，1985）所建立的模型，交易机制分为两步。第一步，公司1的经理人和股东基于所获得的内幕信息确定股票交易量，做市商基于总股票交易量制定使市场出清的线性定价法则；第二步，公司1的经理人和股东，以及所有的噪声交易者提交各自的股票交易量，做市商根据定价法则和股票的总提交量确定出股票的交易价格。公司1的经理和股东在确定股票交易量时只知道 $\tilde{\theta}$ 的实现值，并不知道 $\tilde{\varepsilon}$，$\tilde{u}$ 的具体值；做市商确定股票价格时不知道 $\tilde{z}$ 的实现值，只知道其分布。

由于经理人和噪声交易者之间的信息不对称，公司1的经理在某些情况下会选择生产无穷大的产量搞垮公司，同时在金融市场上做空公司1的股票，通过此种方式获得丰厚的利润。为了避免此种情况，公司1需要给经理人制订补偿计划。我们假设公司补偿计划为股权激励（equity incentive），即给予经理人部分公司股票，具体形式如下：

$$EI = B\tilde{v}$$

所以，此时经理人的利润（记为 G_1）为：

$$G_1 = E[(\tilde{v} - \tilde{p})\tilde{x}_1 \mid \tilde{\theta}] + E[B\tilde{v} \mid \tilde{\theta}]$$

公司1的股东利润（记为 G_i）为：

$$G_i = E[(\tilde{v} - \tilde{p})\tilde{x}_i \mid \tilde{\theta}] \quad i = 2, \cdots, M+1$$

定义1：均衡定义为一组（$\tilde{x}_1, \cdots, \tilde{x}_{M+1}, y_1, \cdots, y_{N+1}, \tilde{p}, B$），满足如下条件：

(1) 公司1： $\qquad (\tilde{x}_1, y_1) = \mathrm{argmax}\, G_1$ （5.1）

$$\tilde{x}_i = \mathrm{argmax}\, G_i \quad \forall i = 2, \cdots, N+1 \qquad (5.2)$$

(2) 其他公司：$y_i = \mathrm{argmax}(a - bY)y_i\tilde{z} \quad \forall i = 2, \cdots, N+1$ （5.3）

(3) 做市商定价： $\qquad \tilde{p} = E[\tilde{v} \mid \tilde{x} + \tilde{u}]$ （5.4）

式（5.1）表示公司1的经理人选择最大化自己利润的产量和股票交易量，式（5.2）表示公司1的股东选择最大化自己利润的股票交易量；式（5.3）表示其他公司的产量是最大化公司利润时的产量；式（5.4）表示金融市场满足半强式有效，即股票价格等于给定股票交易量下，资产价值的条件期望。

5.2.2 线性 Nash 均衡求解

如凯尔等模型，我们只关注线性均衡，即交易量为内幕信息的线性函数，价格为交易量的线性函数。基于此，可以求得模型的 Nash 均衡解，如定理 1 所示。

定理 1：线性 Nash 均衡以 1 的概率存在且唯一，具体形式如下：

（1） $y_i = \dfrac{a}{(N+2)b}$；

（2） $\tilde{x}_i = \beta(\theta - \bar{z})$；

（3） $\tilde{p} = \mu_0 + \lambda \tilde{\eta}$，$\eta = \sum\limits_{i=1}^{M+1} \tilde{x}_i + \tilde{u}$；

（4） $EI = B \tilde{v}$。

其中，
$$\beta = \frac{\sigma_u}{\sqrt{(M+1)(\sigma_\varepsilon^2 + \sigma_z^2)}} \tag{5.5}$$

$$\mu_0 = \frac{a^2}{(N+2)^2 b} \bar{z} \tag{5.6}$$

$$\lambda = \frac{\sqrt{M+1} a^2 \sigma_z^2}{(M+2)(N+2)^2 b \sigma_u \sqrt{\sigma_\varepsilon^2 + \sigma_z^2}} \tag{5.7}$$

$$B = \frac{\bar{z} \sigma_u \sqrt{\sigma_z^2 + \sigma_\varepsilon^2}}{\sigma_z^2 \sqrt{M+1}} \tag{5.8}$$

证明见本章附录。

由以上的均衡结果可以发现一些有意思的结论：首先，经理人选择的产量是古诺产量，这是因为做市商只基于股票交易量这一个信号进行股价制定，并不获取实体经济中产品价格的信息。所以经理人的产量制定虽然会影响实体经济中产品的价格，但这个影响不会传递到做市商对股票的定价上。其次，经理人根据获取的内幕信息 θ 与 $\bar{z}$ 的差值确定买入还是卖出股票。当差值为正时，经理人买入股票，当差值为负时，经理人卖出股票。当 θ 大于 $\bar{z}$ 时，经理人预期未来公司股价较高，因此买入公司股票。反之亦然；最后，经理人和公司设置的合同是公司价值的函数，区别于达海尔和米尔曼（Daher & Mirman, 2006）设置的合同。我们将本章节设置的合同称为股权激励合同，容易看出，股权激励合同是公司价值的增函数。公司价值越大，经理人从公司合同中获得的补偿越多。这个结果很直观，因为公司合同设置的初衷就是激励经理人努力发展公司，提升公司价值，因此公司价值越大，公司给经理人的补偿就会越多。

5.2.3　均衡分析

下面我们对均衡结果进行详细的分析。首先我们分析模型参数对经理人内幕交易强度的影响，然后分析市场深度的性质，接着研究经理人的期望利润，然后讨论股权激励合同的性质，最后讨论价格的有效性。

5.2.3.1　内幕交易强度

模型参数对经理人内幕交易的影响如命题 1 所示。

命题 1： 交易强度 β 随着 σ_u 的增加而增加，随着 σ_z，σ_ε，M 的增加而减小。

证明： 根据式（5.5），易知。

对经理人的内幕交易而言，噪声交易者的噪声（σ_u）越大，则噪声交易者给内幕交易提供的掩护就越大，因此交易强度增大；当内幕信息的信息量（σ_z）增多时，经理人会谨慎地使用内幕信息，以防止股价向着不利于自己的方向发展，交易强度下降；当内幕信息的模糊度（σ_ε）提高时，内幕信息的精准度下降，经理人从内幕交易中获利的难度加大，因此交易强度下降；当金融市场竞争（M）增强时，内幕交易的总交易量[①]

$$\frac{1}{2}E\left[\sum_{i=1}^{M+1}|x_i|\right]=\sqrt{\frac{1}{2\pi}(M+1)\sigma_u^2}$$ 增加，做市商制定的价格向着不利于经理人的方向变动，交易强度下降。特别的，容易发现，当金融市场竞争十分激烈时（$M\to\infty$）经理人参与内幕交易的交易强度趋向于 0。

与达海尔和米尔曼（Daher & Mirman，2006）对比，我们发现经理人的股票交易量均值（记为 $\bar{x}_1$）为 $\bar{x}_1=\dfrac{\sqrt{2}\sigma_u}{2\sigma_z}\bar{z}$，股东的股票交易量均值（记为 $\bar{x}_2$）为 $\bar{x}_2=0$。而对于本章节，令 $M=1$，代入定理 1 的均衡结果中，可得经理人和股东参与内幕交易的交易量均值均为 $E[\tilde{x}_i]=0$，$i=1$，2。所以，在股权激励合同和内幕信息存在精度前提下，经理人的内幕交易量均值下降，而股东的内幕交易量均值不变。

5.2.3.2　市场深度

市场深度$\left(\text{定义为}\dfrac{1}{\lambda}\right)$与做市商和内幕交易者的信息不对称程度负相关，信息不对称程度越高，市场越浅，信息不对称程度越低，市场越深。而市场越深，表明要使股票价格发生改变，需要较大的股票交易量。

在本章节中，我们发现市场深度的性质如命题 2 所述。

命题 2：市场深度$\dfrac{1}{\lambda}$随着 M，N，σ_u，σ_ε，b 的增加而增加，随着 σ_z，a 的增加而降低。

证明：由式（5.7），易知。

对金融市场深度而言，金融市场竞争程度加剧，即内幕交易者（包括股东和做市商）之间竞争加剧，缓解了做市商和内幕交易者之间的信息不对称，从而降低了逆向选择效应，市场深度增大；实体经济竞争程度（N）加剧，公司 1 的价值下降，做市商对公司价值的预期也会下降，因此股票定价策略中的权重 λ 下降，市场深度上升；噪声交易者噪声增加，基于内幕信息的交易量占比下降，信息不对称程度下降，市场深度从而得到提升；内幕信息的模糊度增加，或者内幕交易者所获内幕信息的信息量下降（σ_ε^2 增大，σ_z^2 减小，a 减小或者 b 增大），做市商和内幕交易者的信息不对称程度降低，市场深度提升。

与达海尔和米尔曼（Daher & Mirman，2006）对比，我们发现在达海尔和米尔曼（Daher & Mirman，2006）中，股价制定策略中的权重①（记为 $\bar{\lambda}$）为 $\bar{\lambda} = \dfrac{\sqrt{2}a^2\sigma_z}{27b\sigma_u}$。而对于本小节，令 $M = 1$，$N = 1$，代入式（5.7）可得股价制定策略中的权重为 $\lambda = \dfrac{3\sqrt{2}a^2\sigma_z^2}{27b\sigma_u\sqrt{\sigma_z^2+\sigma_\varepsilon^2}}$。易知，在股权激励合同下，由于经理人的内幕信息存在一定的精度，使得市场深度$\left(\dfrac{1}{\lambda}\right)$得到了

---

① 在达海尔和米尔曼（2006）中 $\bar{\lambda} = \dfrac{3\sqrt{2}a^2\sigma_z\sigma_\tau^4}{b\sigma_u(\sigma_z^2+9\sigma_\tau^2)^2}$，其中，$\sigma_\tau^2$ 为做市商获得的产品价格信息的噪声，由于本小节做市商只基于股票交易量进行股价制定，为了进行对比，因此令 $\sigma_\tau^2 \to \infty$，即得 $\bar{\lambda} = \dfrac{\sqrt{2}a^2\sigma_z}{27b\sigma_u}$。

提升。

5.2.3.3　经理人利润

在这一小节，我们对经理人的期望利润进行分析。

经理人的期望利润定义如下：

$$E[G_1] = \pi_S + \pi_{EI} \tag{5.9}$$

其中，π_S 为来自金融市场股票交易的期望利润，π_{EI} 为来自股权激励合同的期望补偿。其性质如命题3所述。

命题3：
$$\pi_S = \frac{a^2 \sigma_z^2 \sigma_u}{(M+2)(N+2)^2 b \sqrt{(M+1)(\sigma_z^2 + \sigma_\varepsilon^2)}} \tag{5.10}$$

$$\pi_{EI} = \frac{\bar{z}^2 a^2 \sigma_u \sqrt{\sigma_z^2 + \sigma_\varepsilon^2}}{(N+2)^2 \sqrt{M+1} b \sigma_z^2} \tag{5.11}$$

证明：将式（5.5）到式（5.8）代入经理人利润 G_1 表达式，并对其求期望，即得式（5.10）和式（5.11）。

经理人的利润来自两部分，一部分来自内幕交易，另一部分来自合同补偿。由命题3容易看出，π_S 随 σ_ε 的增加而降低，但 π_{EI} 随 σ_ε 的增加而提高；π_S 和 π_{EI} 均随 σ_u 的增加而增加，随 M，N 的增加而减少。也就是说，内幕信息的精度对两部分利润的影响完全相反，内幕信息越精确，经理人从股票市场获得的利润就越多，但是从公司合同中得到的补偿就越少；噪声交易者的噪声增加，不仅会提高经理人从股票市场获得的利润，还会增加从公司合同中获得的补偿；而金融市场和实体经济的竞争会使得两部分的利润都减少。

5.2.3.4　合同设置

由于经理人和公司存在委托—代理矛盾，所以公司需要和经理人签订合同，使得经理人能够努力发展公司，提升公司价值，而不是利用内幕信息从股票市场上获利。本章节中的合同采用股权激励的方式，在此合同下，公司通过给经理人一定的公司股权，规避经理人不努力发展公司的情况发生。因此深入探讨公司给经理人的股权份额是一个有意义的问题。命题4展示了股权激励合同的性质。

命题4：股权激励合同 B 随着 σ_u，σ_ε，$\bar{z}$ 的增加而增加，随着 M，σ_z 的增加而减小。

证明：见式（5.8），证略。

对于公司合同而言，因为股权激励合同设置的初衷是为了解决经理人与公司的委托—代理矛盾，所以，经理人从公司得到的股权份额与经理人参与内幕交易获得的利润具有密切的关系。σ_u 越大，经理人从内幕交易中获得的利润越高，因此合同需要给经理人更多的份额以减弱经理人参与内幕交易的积极性；当 σ_ε 增加时，经理人的信息精度下降，做出不利于公司的决定（即生成无穷大的产量）的概率升高，因此，需要公司给予经理人更多的股权份额；当 $\bar{z}$ 增加时，公司价值增大，经理人通过搞垮公司，卖空公司股票的方式获利更多，则公司需要补偿经理人更多的股权份额；M 越大，经理人从内幕交易中获得的利润越小，所以此时公司没有必要给予经理人较多的股权份额，经理人获得的股权份额变少。特别的，当金融市场竞争程度十分激烈时，$B \to 0$，即公司可以不用和经理人制定股权激励合同；当 σ_z 增加时，经理人通过操纵公司价值从公司合同中获取更多利润的机会增加，因此合同设置会减少经理人分得的份额。

5.2.3.5 价格有效性

我们定义价格的有效性程度（或信息释放程度）为：

$$\text{effectiveness} = \frac{\text{var}\left[\ \tilde{v}\ \right] - \text{var}\left[\ \tilde{v} \mid \tilde{p}\ \right]}{\text{var}\left[\ \tilde{v}\ \right]} \quad (5.12)$$

其性质如命题 5 所述。

命题 5：价格有效性随 M，σ_z^2 的增加而增加，随 σ_ε^2 的增加而减小。

证明：将式（5.5）到式（5.7）代入式（5.12）可得：

$$\text{effectiveness} = \frac{\text{var}\left[\ \tilde{v}\ \right] - \text{var}\left[\ \tilde{v} \mid \tilde{p}\ \right]}{\text{var}\left[\ \tilde{v}\ \right]} = \frac{(M+1)\sigma_z^2}{(M+2)(\sigma_z^2 + \sigma_\varepsilon^2)} \quad (5.13)$$

由式（5.13）易证。

由命题 5 可知，金融市场的竞争程度会提高价格的有效性，但是经理人内幕信息的模糊度会降低价格的有效性。因为当金融市场竞争程度加剧时，内幕交易量增加，所以信息释放更加完全；而当内幕信息信息量增加或精度上升时，基于信息的交易量蕴含的信息量更大，所以价格更加有效。

值得注意的是，当金融市场不存在竞争时，内幕信息的模糊度使得价格的有效性相对于凯尔（1985）有所下降；当金融市场竞争十分激烈时，如果经理人的信息完全精准（$\sigma_\varepsilon^2 = 0$），则信息会被完全释放，市场完全有效。

与达海尔和米尔曼（Daher & Mirman，2006）对比，我们发现在达海尔和米尔曼（2006）中，价格有效性[1]（记为 $\bar{E}$）为 $\bar{E} = \frac{2}{3}$。而对于本小节，令 $M = 1$，代入式（5.13）可得价格有效性（记为 E）为 $E = \frac{2\sigma_z^2}{3(\sigma_\varepsilon^2 + \sigma_z^2)}$。所以在股权激励合同下，由于经理人的内幕信息存在一定的精度，使得价格有效性下降。

5.3 内生化信息模型

5.3.1 模型介绍

前面的章节，我们假设了经理人内幕信息的精度是外生给定的，而在这一章节，我们内生化了公司 1 经理人的信息获取过程。

假设经理人获得的信息与他获取信息的努力程度有关，具体形式如下：

$$\sigma_\varepsilon^2 = \frac{1}{\rho + C}\sigma_z^2$$

其中，ρ 为经理人获取信息的努力程度，经理人越努力获取信息，则获得的信息，其精度就越高；C（$C > 0$）为初始禀赋，即经理人不努力获取信息，他得到的内幕消息也有一定的精确度 $\frac{\sigma_z^2}{C}$，初始禀赋越高，经理人获得的内幕消息越精确。经理人获取信息需要付出成本，其成本函数如下[2]：

$$Cost = \frac{1}{2}k\rho^2$$

经理人越努力获取信息，付出的成本越高，并且边际成本递增，k 衡量了边际成本递增的速率。

定义 2：均衡定义为一组（$\tilde{x}_1, \cdots, \tilde{x}_{M+1}, y_1, \cdots, y_{N+1}, \tilde{p}, B,$

---

[1] 在达海尔和米尔曼（2006）中 $\bar{E} = \frac{2\sigma_\tau^2}{\sigma_z^2 + 3\sigma_\tau^2}$，令 $\sigma_z^2 \to \infty$，即得 $\bar{E} = \frac{2}{3}$。

[2] 这种二次多项式的成本函数借鉴了凯尔（2011），不同于常数的成本形式，如霍顿和沙拔曼亚（1992）。

ρ) 满足式 (5.1) 到式 (5.4), 此外还需要满足式 (5.14)

$$\rho = \mathrm{argmax}E[\,G_1\,] - Cost \qquad (5.14)$$

式 (5.14) 决定经理人的最优努力程度。同样, 我们只研究线性均衡的情况。

在我们的模型中, 交易机制分为五步: 第一步, 公司 1 公布与经理人设置的股权激励合同; 第二步, 做市商在该合同下, 将会有一个对经理人努力程度的预期, 当然, 在均衡情况下, 做市商预期的努力程度与经理人实际的努力程度会一致; 第三步, 经理人在合同下确定自己的最优努力程度, 并获取信息, 根据假设, 公司 1 的股东也会获得与经理人相同的信息; 第四步, 公司 1 的经理人与股东根据获得的信息制定交易策略, 确定交易量; 第五步, 公司 1 的经理人和股东, 以及所有的噪声交易者提交各自的股票交易量, 做市商根据定价法则和股票的总提交量确定出股票的交易价格。这种交易机制借鉴了凯尔等 (Kyle, Ou-yang & Wei, 2011) 的模型。

5.3.2 线性 Beyes – Nash 均衡求解

均衡求解与基准模型的均衡求解过程, 除了经理人的努力程度确定以外, 其他完全一样, 均衡结果如定理 2 所示。由于经理人的努力程度确定较为复杂, 我们将专门讨论。

定理 2: 均衡以概率 1 存在且唯一, 具体形式如下:

(1) $y_i = \dfrac{a}{(N+2)b}$;

(2) $x_i = \beta(\theta - \bar{z})$;

(3) $P = \mu_0 + \lambda\eta, \ \eta = \displaystyle\sum_{i=1}^{M+1} x_i + u$;

(4) $EI = B\tilde{v}$。

其中,

$$\beta = \frac{\sigma_u}{\sigma_z}\sqrt{\frac{\rho^* + C}{(M+1)(1 + \rho^* + C)}} \qquad (5.15)$$

$$\mu_0 = \frac{a^2}{(N+2)^2 b}\bar{z} \qquad (5.16)$$

$$\lambda = \frac{\sqrt{M+1}\,a^2\sigma_z}{(M+2)(N+2)^2 b\sigma_u}\sqrt{\frac{\rho^* + C}{1 + \rho^* + C}} \qquad (5.17)$$

$$B = \frac{\bar{z}\,\sigma_u}{\sigma_z\,\sqrt{M+1}}\sqrt{\frac{1+\rho^*+C}{\rho^*+C}} \tag{5.18}$$

式（5.15）到式（5.18）中的 ρ^* 为式（5.19）的最优解。

$$\max_{\rho}\frac{a^2\sigma_z\sigma_u}{(M+2)(N+2)^2b\sqrt{(M+1)\left(1+\frac{1}{\rho+C}\right)}}+\frac{\bar{z}^2a^2\sigma_u}{(N+2)^2\,\sqrt{M+1}b\sigma_z}\sqrt{1+\frac{1}{\rho+C}}-\frac{1}{2}k\rho^2$$

$$\tag{5.19}$$

证明见本章附录。

由以上的均衡结果可以发现一些直观的结论。第一，模型均衡结果不再依赖于外生的信息模糊度，经理人内幕信息的精度由自身获取信息的努力程度决定；第二，区别于命题1，经理人参与内幕交易的强度不再与实体经济无关，公司股权激励合同的设置也变得受到实体经济竞争程度的影响；第三，经理人获取内幕信息的最优努力程度是均衡结果的一个关键变量，不仅受到模型中各个变量的影响，而且影响着各个均衡结果。因此对经理人获取内幕信息的努力程度进行详细讨论是十分有必要的。

5.3.3　均衡分析

在这部分，我们将对均衡结果进行深入的分析，首先我们对经理人获取信息的努力程度进行全面的分析，因为这是整个均衡结果的一个关键变量，然后我们研究模型变量对经理人参与内幕交易强度的影响；接着分析市场深度的一些性质；然后探讨模型变量对股权激励合同设置的影响，最后针对价格有效性进行详细的分析。

5.3.3.1　获取信息的努力程度

在这小节，我们着重讨论经理人获取内幕信息的最优努力程度。首先讨论经理人在什么情况下会努力获取信息，在什么情况下经理人不会努力获取信息；然后探讨当经理人努力获取信息时，模型中的各个参数对经理人最优努力程度的影响。

首先，对于经理人是否努力获取信息，有如下命题成立。

命题6：对有限的 M，$N \in \mathbb{N}$

①当 $\bar{z}^2 \in \left[0, \dfrac{\sigma_z^2}{M+2}\dfrac{C}{1+C}\right)$ 时，$\rho^* > 0$；

②当 $\bar{z}^2 \in \left[\max\left(\dfrac{\sigma_z^2}{M+2}\dfrac{C}{1+C}, \dfrac{\sigma_z^2}{M+2}\delta \right), +\infty \right)$ 时，$\rho^* = 0$。

其中，$\delta = 1 - \dfrac{2kC^{\frac{3}{2}}(1+C)^{\frac{3}{2}}\sqrt{M+1}(M+2)(N+2)^2 b}{a^2 \sigma_u \sigma_z}$

证明见本章附录。

为了后面论述方便，我们记

$$\bar{z}_+ = \left[0, \dfrac{\sigma_z^2}{M+2}\dfrac{C}{1+C} \right)$$

$$\bar{z}_0 = \left[\max\left(\dfrac{\sigma_z^2}{M+2}\dfrac{C}{1+C}, \dfrac{\sigma_z^2}{M+2}\delta \right), +\infty \right)$$

由命题 6 可以发现：如果金融市场和实体经济竞争都不是非常激烈（$M, N \in \mathbb{N}$），当公司价值很小时，经理人会努力获取信息。因为公司价值较小，经理人从公司合同上不能得到较多的回报，所以需要努力获取信息，从股票市场获得更多的利润；而当公司价值很大时，经理人不会努力获取信息。因为公司价值很大，经理人从该公司合同就能获得足额的回报，无须再花费成本去获取信息以期从股票市场上获得更多的利润；当公司价值处于中间水平时，经理人可能努力获取信息，也可能不努力获取信息，因为这时候确定经理人最优努力程度的优化问题，需要判断函数边界值与极值的大小确定最优解，但极值无法求得显示表达式，所以讨论起来十分复杂，我们不再进行详细讨论。

但是如果金融市场和实体经济竞争异常激烈时，经理人的努力程度就会有些不同。

命题 7：

①当 $M \to \infty$ 时，$\rho^* = 0$；

②当 $N \to \infty$ 时，$\rho^* = 0$。

证明见本章附录。

由命题 7 可以看出，当股票市场竞争十分激烈时（$M \to \infty$），不管公司价值处于何种水平，经理人都不会获取信息。因为股票市场竞争过于激烈，以至于不管信息如何精确，经理人都无法从股票市场获得利润；当实体经济竞争十分激烈时（$N \to \infty$），不管公司价值处于何种水平，经理人都不会获取信息。因为实体经济竞争过于激烈，公司价值为 0，此时经理人即使获取了信息，也无法从股票市场上获取利润。

现在，我们讨论当经理人努力获取信息时，各个参数的变动对经理人努力程度的影响。

命题 8：对于 $\bar{z} \in \bar{z}_+$，经理人获取信息的最优努力程度 ρ^*。

①随 a，σ_z，σ_u 的增加而提高；

②随 b，k，M，N，$\bar{z}^2$ 的增加而降低；

③随 C 的增加先提高后降低。

证明见本章附录。

下面我们利用图 5.1 展示命题 8 的结论，通过图 5.1 我们可以很直观地看出当公司价值较小时（即 $\bar{z} \in \bar{z}_+$），模型参数对于经理人获取信息的最优努力程度的影响正如命题 8 所述。

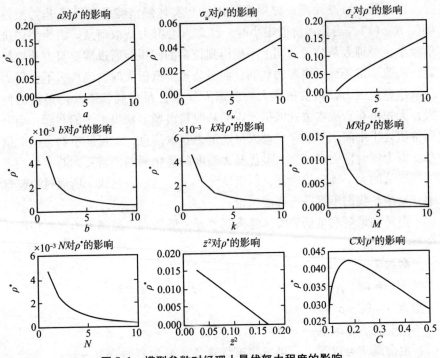

图 5.1　模型参数对经理人最优努力程度的影响

从式（5.19）可以看出，经理人的利润来自三个方面：一是利用内幕信息从股票市场获得的资本利得，如果经理人越努力获取信息，其内幕信息越精确，则从股票市场获得的利润就会越多；二是从公司合同中得到的补偿，如果经理人越努力获取信息，从公司合同中得到的补偿就越少；三是经理人努力获取信息过程中所付出的成本，努力获取信息的程度越大，付出的成本越高。因此经理人始终面临着是否努力获取信息，改善信息精度的取舍问题：如果努力获取信息，则会从股票市场获得丰厚利润，但会减少从公司合同中得到的补偿，并且还需要付出较大成本；如果不努力获取信息，虽然能从公司合同中得到较多的补偿，但是股票市场的获利就会减少。所以经理人到底会不会努力获取内幕信息，改善信息精度，取决于信息精度的改善给经理人带来的收益（内幕交易的获利）能不能覆盖掉因信息精度改善而付出的成本（包括获取信息的成本和公司合同补偿的减少），即如果信息精度的改善给经理人带来收益占主导作用，则经理人会更加努力获取内幕信息，但如果因信息精度改善而付出的成本占主导作用，则经理人会降低获取内幕信息的努力程度。这里我们只分析促使经理人做出决定的主导因素。

当 a 增大，b 减少或 σ_z 增大时，内幕信息的信息量增多，经理人获取内幕信息后从股票市场的收益也会变多，因此经理人会努力获取信息；当 σ_u 增大时，噪声交易者的噪声增大，给内幕交易带来的掩护增大，经理人利用内幕消息更容易从股票市场获得丰厚利润，所以经理人会更加努力地获取内幕信息；当 k 增大时，经理人获取信息的边际成本增速加快，此时经理人提升获取信息的努力程度将会付出过高的成本，所以经理人降低获取信息的努力程度，努力地发展公司，以期从公司合同中得到更多的补偿；当 M 增大时，股票市场的竞争程度增加，经理人利用内幕信息从股票市场获取丰厚利润的难度加大，所以经理人会选择降低获取信息的努力程度，不仅减少成本，而且还能从公司合同中获取客观的回报；当 N 增大时，实体经济的竞争程度加剧，公司价值降低，经理人在股票市场的获利也会减少。因此经埋人会降低获取信息的努力程度，进而从公司合同中获取更多的回报；当 $\bar{z}^2$ 增加时，公司价值增大，经理人可以从公司合同中得到更多的份额，所以经理人不会付出成本去获取内幕信息以期从股票市场获利，而会选择降低获取内幕信息的努力程度进而从公司合同中获取丰厚回报。

当 C 增加时，如果 C 较小，经理人的初始禀赋较低，即内幕消息的精度较低，这时候经理人努力获取内幕消息对精度的改善作用较明显，所以经理人会努力获取更精准的内幕信息，以期从股票市场上获取更多的利润；而如果 C 较大，经理人的初始禀赋较高，即获得的内幕信息已经较为准确，此时如果经理人再提升获取信息的努力程度，对信息精度的改善也起不到太明显的作用，反而还需要付出成本，并且从公司合同中得到的补偿也会减少。所以经理人会降低获取信息的努力程度，从公司合同中拿到更多的份额。

5.3.3.2 内幕交易强度

当内幕信息精度内生化后，模型参数对经理人参与内幕交易强度的影响如命题9所述。

命题9：对于 $\bar{z} \in \bar{z}_+$，交易强度 β 随着 a，σ_u，C 的增加而增加，随着 b，k，M，N，$\bar{z}^2$ 的增加而减小。

证明见本章附录。

下面我们利用图5.2展示命题9的结论，通过图5.2我们可以很直观地看出当公司价值较小时，模型参数对于经理人内幕交易强度的影响正如命题9所述。

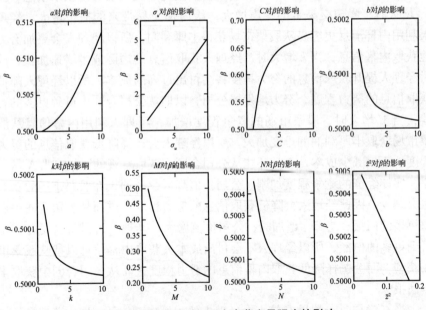

图 5.2   模型参数对经理人内幕交易强度的影响

经理人越努力获取内幕信息，内幕信息的精度越高，内幕交易的强度越高。由于实体经济会影响经理人获取内幕信息的努力程度，所以区别于命题1，当公司价值较小时，经理人参与内幕交易的强度不再与实体经济无关。当 a 增加时，经理人获取内幕信息的努力程度增加，内幕交易的强度提高。当 b，$\bar{z}^2$，N 增加时，经理人获取内幕信息的努力程度降低，内幕交易的强度降低。当 σ_u 增加时，一方面，经理人获取内幕信息的努力程度增加，内幕交易强度提高；另一方面，噪声交易者提供给内幕交易的掩护增强，进一步促进了内幕交易强度的增加。当 M 增加时，一方面，经理人获取信息的努力程度降低，参与内幕交易的强度下降；另一方面，金融市场的竞争加剧，内幕交易的强度进一步下降。当 k 增加时，经理人获取内幕信息的努力程度降低，内幕交易的强度也随之降低。当 C 增加时，如果 C 较小，经理人的初始禀赋较低，经理人会努力获取内幕信息，内幕交易的强度上升，同时，初始禀赋的提高也会促使经理人参与内幕交易，所以经理人参与内幕交易的强度提高。如果 C 较大，一方面，经理人不会更加努力地获取内幕信息，内幕交易强度下降；另一方面，初始禀赋的提高会增加经理人内幕交易的强度，由于后者占主导作用，因此经理人的内幕交易强度提升。

然而当 σ_z 增加时，一方面，经理人会更加努力地获取内幕信息，内幕交易的强度升高；另一方面，经理人更加谨慎地使用内幕信息，使得交易强度下降，两者孰强孰弱具体取决于模型中各个变量。

但是当公司价值较大时，经理人不再努力地获取内幕信息，此时式（5.15）变为：

$$\beta = \frac{\sigma_u}{\sigma_z}\sqrt{\frac{C}{(M+1)(1+C)}} \tag{5.20}$$

因此模型变量对内幕交易强度的影响与命题 1 相同，并且实体经济 $(a,h,N,\bar{z}^2)$ 对内幕交易没有任何影响。

与达海尔和米尔曼（2006）对比，容易得知同基准模型，股东交易量均值不变，而经理人交易量均值下降。

5.3.3.3 市场深度

现在我们讨论模型变量对市场深度的影响，如命题 10 所示。

命题 10：对于 $\bar{z} \in \bar{z}_+$，市场深度 $\frac{1}{\lambda}$ 随着 b，k，M，N，$\bar{z}^2$ 的增加而增加，随着 a，σ_z，C 的增加而降低。

证明见本章附录。

下面我们利用图 5.3 展示命题 10 的结论，通过图 5.3 我们可以很直观地看出当公司价值较小时，模型参数对市场深度的影响正如命题 10 所述。

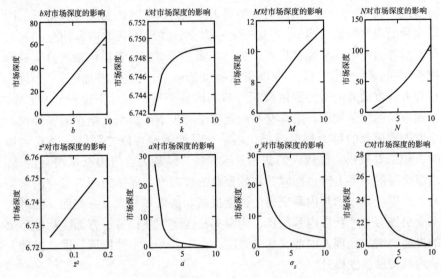

图 5.3　模型参数对市场深度的影响

当公司价值较小时，经理人越努力获取信息，内幕信息越精确，经理人和做市商之间的信息不对称程度越高，因此市场深度越大。当金融市场竞争加剧时，一方面，缓解了做市商和内幕交易者之间信息不对称程度；另一方面，经理人获取信息的努力程度下降，内幕信息的精度随之下降，进一步降低了做市商和经理人之间的信息不对称程度，因此市场深度增加。实体经济竞争程度增加，一方面，做市商由于对公司价值的预期下降，股价制定策略中的权重随之下降，市场深度上升；另一方面，经理人获取内幕信息的努力程度下降，促使市场深度进一步提升。内幕交易者所获内幕信息的信息量下降（σ_z^2 减小，a 减小或者 b 增大），一方面，做市商和内幕交易者的信息不对称程度下降；另一方面，经理人获取内幕信息的努力程度下降，进一步减小了市场深度。当 k，$\bar{z}^2$ 增加时，经理人获取内幕信息的努力程度下降，内幕信息的精度下降，做市商和经理人之间的信息不对称程度下降，因此市场深度提升；当 C 增加时，经理人获得的内幕信息精度上升，经理人与做市商之间的信息不对称程度加大，所以市场深度提升。

但是当 σ_u^2 增加时，一方面，基于信息的交易量占比下降，做市商和经理人之间的信息不对称程度得到缓解；另一方面，经理人获取信息的努力程度提升，内幕信息的精度上升，加剧了做市商与经理人之间的信息不对称程度，二者哪一个占主导作用取决于模型变量。

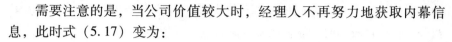

需要注意的是，当公司价值较大时，经理人不再努力地获取内幕信息，此时式（5.17）变为：

$$\lambda = \frac{\sqrt{M+1}\,a^2\sigma_z}{(M+2)(N+2)^2 b\sigma_u}\sqrt{\frac{C}{1+C}} \qquad (5.21)$$

此时模型变量对市场深度的影响变得简单，且与命题2相同。

与达海尔和米尔曼（2006）对比，容易得知，同基准模型，市场深度得到了提升。

5.3.3.4　合同设置

当内生化经理人信息精度后，合同设置的性质如命题11所述。

命题11：对于 $\bar{z} \in \bar{z}_+$，公司合同中的股权份额 B 随着 a，σ_z，C 的提高而降低，随着 b，k，N，$\bar{z}^2$ 的提高而提高。

证明见本章附录。

下面我们利用图5.4展示命题11的结论，通过图5.4我们可以很直观地看出当公司价值较小时，模型参数对合同设置的影响正如命题11所述。

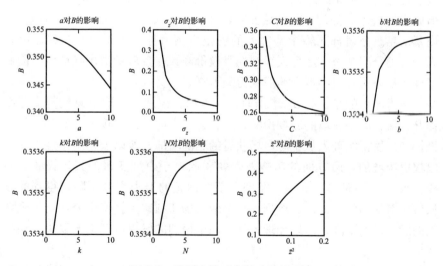

图5.4　模型参数对合同设置的影响

股权激励合同的设置是为了减弱经理人进行内幕交易的动机，因此给予经理人的股权份额是经理人获取信息的努力程度的减函数。经理人越努力获取信息，从公司合同中拿到的股权份额越少。所以，区别于命题4，当公司价值比较小时，股权激励合同设置不再与实体经济无关。因为实体经济会影响经理人获取信息的努力程度，进而影响合同中给予经理人的股权份额。当 a 增加时，经理人会提高获取内幕信息的努力程度，所以公司合同将会给经理人更少的股权份额；当 b，N 增加时，经理人会降低获取内幕信息的努力程度，转而努力地发展公司，因此经理人得到的股权份额将会增加；当 k 增加时，经理人获取内幕信息的努力程度减小，所以从公司合同中得到的股权份额增加；当 σ_z 增加时，一方面，经理人会提高获取内幕信息的努力程度使得公司股权激励变少，另一方面，由于经理人通过操纵公司价值从公司合同中获取更多利润的机会增加，进一步减少了合同给经理人的股权份额；当 $\bar{z}^2$ 增加时，一方面，经理人会降低获取内幕信息的努力程度，从公司合同中得到的股权份额上升，另一方面，由于公司价值增加，经理人通过搞垮公司，卖空公司股票的方式从股票市场上可以获得的利润更多，进一步提高了经理人从公司中得到的股权份额；当 C 增加时，如果 C 较小，即经理人的初始禀赋较低，则经理人会更加努力地获取内幕信息，公司会减少经理人得到的股权份额。同时初始禀赋的提高也会降低公司给予经理人的股权份额，所以经理人得到的股权份额下降。但如果 C 较大，经理人的初始禀赋较高，经理人就不会再更加努力地获取内幕信息，公司合同给予经理人的股权份额增加，然而由于初始禀赋较大，公司合同会减少经理人得到的股权份额，并且后者占主导地位，因此经理人从公司合同中得到的股权份额下降。

值得注意的是，当 σ_u 增加时，一方面，经理人获取信息的努力程度提升，从合同中获取的股权份额减少；另一方面，由于噪声交易者提供的掩护增加使得经理人从金融市场获得的利润增加，所以公司给予经理人的股权份额增加。两方面的影响孰强孰弱取决于模型变量的具体设置。同样，当 M 增加时，一方面，经理人获取信息的努力程度下降，得到的股权份额增加；另一方面，经理人从金融市场获利减少，使得公司给予经理人的股权份额下降，所以经理人从合同中得到的股权份额依旧取决于模型变量。

但如果公司价值较大时，经理人不再努力获取内幕信息，提高信息精度，所以不再对合同设置产生影响。此时，公司股权激励合同设置如下：

$$B = \frac{\bar{z}\,\sigma_u}{\sigma_z\,\sqrt{M+1}}\sqrt{\frac{1+C}{C}} \tag{5.22}$$

股权设置合同变得较为简单，和命题 4 相同，且不再受实体经济（a，b，N）影响。

5.3.3.5 价格有效性

引入经理人内幕消息的内生化后，股票市场的价格有效性变为：

$$\text{effectiveness} = \frac{\text{var}\left[\ \tilde{v}\ \right] - \text{var}\left[\ \tilde{v}\ \mid\ \tilde{p}\ \right]}{\text{var}\left[\ \tilde{v}\ \right]} = \frac{M+1}{M+2}\frac{\rho^* + C}{1 + \rho^* + C} \tag{5.23}$$

其性质如命题 12 所述。

命题 12：对于 $\bar{z} \in \bar{z}_+$，信息释放程度随 a，σ_u，σ_z，C 的增加而提高，随 b，k，N，$\bar{z}^2$ 的增加而降低。

证明见本章附录。

下面我们利用图 5.5 展示命题 12 的结论，通过图 5.5 我们可以很直观地看出当公司价值较小时，模型参数对价格有效性的影响正如命题 12 所述。

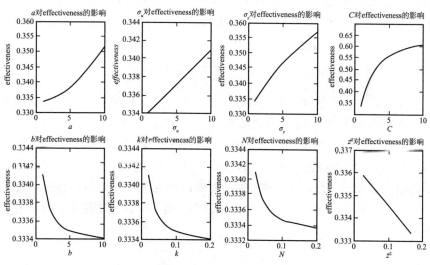

图 5.5　模型参数对价格有效性的影响

当公司价值较小时，经理人会努力获取内幕信息，并且经理人越努力获取内幕信息，则价格反映的信息就越多，信息释放越完全。由于实体经济会影响经理人获取信息的努力程度，所以区别于命题 5，当公司价值较小时，价格有效性也会受到实体经济的影响。当 a 增加时，经理人会提升获取内幕信息的努力程度，股票市场的价格自然就会释放出更多的信息；当 b，N，$\bar{z}^2$ 增加时，经理人获取内幕信息的努力程度降低，所以股票市场的价格有效性降低；此外，当 σ_u，σ_z 增加或 k 减小时，经理人获取内幕信息的努力程度增加，价格的有效性增加；当 C 增加时，如果 C 较小，经理人的初始禀赋较低，一方面，经理人会更加努力地获取内幕信息，提高价格的有效性，另一方面，经理人初始获得的内幕信息精度增加，价格的有效性也随之提升，所以价格的有效性提高。如果 C 较大，一方面，经理人获取内幕信息的努力程度下降，价格的有效性降低；另一方面，初始内幕信息精度的提升会提高价格的有效性，由于后者作用较为明显，因此初始禀赋增加时，价格的有效性提高。

值得注意的是，当 M 增加时，一方面，股票市场竞争加剧，基于信息的股票交易量增加，价格的有效性提升；另一方面，经理人获取内幕信息的努力程度降低，内幕信息的精度下降，信息的释放程度降低。当前者占据主导地位时，股票市场的竞争会使得价格的有效性得到提高；然而当后者占据主导地位时，股票市场的竞争会使得价格的有效性下降。

但当公司价值较大时，经理人不会努力获取内幕信息，所以式（5.23）变为：

$$\text{effectiveness} = \frac{\text{var}\left[\,\tilde{v}\,\right] - \text{var}\left[\,\tilde{v}\mid\tilde{p}\,\right]}{\text{var}\left[\,\tilde{v}\,\right]} = \frac{M+1}{M+2}\frac{C}{1+C} \tag{5.24}$$

此时，价格有效性的影响因素变得较为简单，价格的有效性只依赖于金融市场的竞争和经理人的初始禀赋，不受实体经济（a，b，N，$\bar{z}^2$）的影响。特别的，当金融市场竞争十分激烈时，如果经理人的初始禀赋较高（$C>1$），则价格的有效性相较凯尔（1985）有所提高；而如果经理人的初始禀赋较低（$C<1$），则价格的有效性相较凯尔（1985）有所降低。

与达海尔和米尔曼（2006）对比，容易得知，同基准模型，价格有效性下降。

5.4 总　结

本章以达海尔和米尔曼（2006）模型为基础，研究了当经理人所获内幕信息的精度内生化后，金融市场竞争和实体经济的竞争对经理人内幕交易、市场深度和价格有效性的影响以及公司和经理人股权激励合同的制定问题。

当公司价值较大时，本章节所建立的两个模型——基准模型与内生化信息模型，结论基本一致：第一，经理人参与内幕交易的强度随着金融市场的竞争加剧而降低，因为金融市场竞争越剧烈，总交易量越大，做市商价格制定向着经理人不利的方向变动；第二，市场深度随着金融市场和实体经济竞争程度的增加而增加，因为金融市场竞争加剧，做市商与经理人之间的信息不对称程度得到缓解。实体经济竞争加剧，公司价值下降，定价策略中的权重下降；第三，股权激励合同的设置与随着内幕信息信息量的增加而降低，因为内幕信息量越大，经理人运用内幕信息操纵公司价值的能力越强；第四，价格有效性随着金融市场竞争程度的提高而增加，因为金融市场竞争程度越剧烈，基于信息的交易量越大，信息释放程度越高，价格有效性增加。

但是当公司价值较小时，内生化信息模型得到了更加丰富的结论：首先，经理人参与内幕交易的强度不再与实体经济无关，而是随着实体经济竞争的加剧而降低，因为实体经济竞争越剧烈，经理人获取内幕信息的努力程度下降，内幕信息的精度下降；其次，股权激励合同也不再不受实体经济的影响，经理人从合同中获得的股权份额随着实体经济竞争的加剧而提高，因为实体经济竞争加剧，经理人获取内幕信息的努力程度下降，所以从公司合同中得到的股权份额随之提高；最后，价格有效性不再是金融市场竞争强度的简单增函数，也开始受到实体经济的影响。具体来看，价格有效性可能随着金融市场的竞争增强而提高，也可能降低，因为金融市场竞争加剧时，一方面，基于信息的交易量增加，价格有效性得到提升。另一方面，经理人获取信息的努力程度下降，内幕信息的精度下降，价格有效性随之下降。当前者占主导作用时，价格有效性随着金融市场的竞争增强而提高，但后者占主导作用时，价格有效性随着金融市场的竞争增强而降低。此外，实体经济竞争的加剧会降低价格的有效性，因为实体经济竞争加剧，经理人获取内幕信息的努力程度降低，内幕信息精度下降，价格有效性因而下降。

5.5　附　　录

（1）定理 1 证明

我们的证明分为两步：第一步由一阶条件确定出各个公司的产量、经理人和股东的股票交易量以及做市商的定价策略；第二步由二阶条件确定出公司和经理人股权激励合同的设定。

第一步：首先，确定实体经济中其他 N 家公司的产量：

对公司 i，其公司期望价值为：$v_i = (a - bY)y_i\,\bar{z}$

由一阶条件可得：$\dfrac{\partial v_i}{\partial y_i} = \left(a - b\sum\limits_{j \neq i}^{N+1} y_j - 2by_i\right)\bar{z} = 0$

解得：$\quad y_i = \dfrac{1}{2b}\left[a - b\sum\limits_{j \neq i}^{N+1} y_j\right] \quad i = 2,\cdots,N+1$

然后，确定公司 1 的产量和经理人的内幕交易量：

记 $E[\,\tilde{z}\mid\tilde{\theta}\,]$ 为 $E_\theta[\,\tilde{z}\,]$，对公司 1 的经理人，其利润函数为：

$$G_1 = E\big[\big[(a - bY)y_1\tilde{z} - \mu_0 - \lambda\sum_{i=1}^{M+1}\tilde{x}_i - \lambda\tilde{u}\big]\tilde{x}_1\mid\tilde{\theta}\big] + E[B(a - bY)y_1\tilde{z}\mid\tilde{\theta}]$$

$$= \big[(a - bY)y_1 E_\theta[\,\tilde{z}\,] - \mu_0 - \lambda\sum_{i=1}^{M+1}\tilde{x}_i\big]\tilde{x}_1 + B(a - bY)y_1 E_\theta[\,\tilde{z}\,]$$

由利润函数的一阶条件可得：

$$\frac{\partial G_1}{\partial y_1} = \big(a - 2by_1 - b\sum_{i=2}^{N+1} y_i\big)E_\theta[\,\tilde{z}\,]\tilde{x}_1 + B\big(a - 2by_1 - b\sum_{i=2}^{N+1} y_i\big)E_\theta[\,\tilde{z}\,] = 0$$

$$\frac{\partial G_1}{\partial x_1} = (a - bY)y_1 E_\theta[\,\tilde{z}\,] - \mu_0 - \lambda\sum_{i=2}^{M+1}\tilde{x}_i - 2\lambda\tilde{x}_1 = 0$$

解得：$y_1 = \dfrac{1}{2b}\big[a - b\sum\limits_{i=2}^{N+1} y_i\big]$

$$x_1 = \frac{1}{2\lambda}\big[(a - bY)y_1 E_\theta[\,\tilde{z}\,] - \mu_0 - \lambda\sum_{i=2}^{M+1}\tilde{x}_i\big]$$

最后，确定公司 1 股东的内幕交易量：

对公司 1 的股东，其利润函数为：

$$G_i = E\big[\big[(a - bY)y_1\tilde{z} - \mu_0 - \lambda\sum_{j=1}^{M+1}\tilde{x}_j - \lambda u\big]\tilde{x}_i\mid\tilde{\theta}\big]$$

$$= \big[(a - bY)y_1 E_\theta[\,\tilde{z}\,] - \mu_0 - \lambda\sum_{j=1}^{M+1}\tilde{x}_j\big]\tilde{x}_i \quad i = 2,\cdots,M+1$$

由股东利润函数的一阶条件可解得：

$$\tilde{x}_i = \frac{1}{2\lambda}\big[(a - bY)y_1 E_\theta[\,\tilde{z}\,] - \mu_0 - \lambda\sum_{j \neq i}^{M+1}\tilde{x}_j\big] \quad i = 2,\cdots,M+1$$

综合以上有：

$$\begin{cases} y_i = a/(N+2)b & i=1, \cdots, N+1 \\ \tilde{x}_i = \dfrac{1}{(M+2)\lambda}\big[(a-bY)y_1 E_\theta[\ \tilde{z}\ ]-\mu_0\big] & i=1, \cdots, M+1 \end{cases}$$

由于我们只考虑如下形式的线性均衡：

$$\tilde{p} = \mu_0 + \lambda \tilde{\eta}, \quad \tilde{x}_i = \beta(\ \tilde{\theta} - \bar{z}\ )$$

则有：

$$\mu_0 = (a-bY)y_1\,\bar{z} = \frac{a^2}{(N+2)^2 b}\,\bar{z} \tag{5.25}$$

$$\tilde{x}_i = \frac{1}{(M+2)\lambda}\big[(a-bY)y_1 E_\theta[\ \tilde{z}\ ]-\mu_0\big] = \frac{(a-bY)y_1\sigma_z^2}{(M+2)\lambda(\sigma_z^2+\sigma_\varepsilon^2)}(\ \tilde{\theta}-\bar{z}\ ) \tag{5.26}$$

$$\tilde{p} = E\big[\ \tilde{v}\ \big|\ \sum_{i=1}^{M+1}\tilde{x}_i + \tilde{u}\ \big] = (a-bY)y_1\bar{z} + \frac{(M+1)(a-bY)y_1\beta\sigma_z^2}{\sigma_u^2 + (M+1)^2\beta^2(\sigma_\varepsilon^2+\sigma_z^2)}(\ \tilde{u} + \sum_{i=1}^{M+1}\tilde{x}_i\ ) \tag{5.27}$$

联合式（5.25）、式（5.26）、式（5.27），即可求得式（5.5）、式（5.6）、式（5.7）。

第二步：首先，对于经理人和股东的股票交易量的确定有：

$$\frac{\partial^2 \Pi}{\partial \tilde{x}_i^2} = -2\lambda < 0, \quad \forall\ \tilde{\theta}\quad i=2, \cdots, M+1$$

然后，对于经理人的产量选择，需满足：

$$\frac{\partial^2 \Pi}{\partial y_1^2} = -2b(\tilde{x}_1 + B)E_\theta[\ \tilde{z}\ ] = -2b[\beta(\ \tilde{\theta}-\bar{z}\ )+B]$$

$$\Big[\ \bar{z} + \frac{\sigma_z^?}{\sigma_z^2+\sigma_\varepsilon^2}(\ \tilde{\theta}-\bar{z}\ )\Big] < 0, \quad \forall\ \tilde{\theta}$$

则有 $[\beta(\ \tilde{\theta}-\bar{z}\ )+B]\big[\ \bar{z} + \dfrac{\sigma_z^2}{\sigma_z^2+\sigma_\varepsilon^2}(\ \tilde{\theta}-\bar{z}\ )\big] > 0, \quad \forall\ \tilde{\theta}$

即 $\dfrac{\beta\sigma_z^2}{\sigma_z^2+\sigma_\varepsilon^2}(\ \tilde{\theta}-\bar{z}\ )^2 + \Big(\dfrac{\sigma_z^2}{\sigma_z^2+\sigma_\varepsilon^2}B+\beta\bar{z}\Big)(\ \tilde{\theta}-\bar{z}\ ) + B\bar{z} > 0, \quad \forall\ \tilde{\theta}$

因此需要 $\Delta = \Big(\dfrac{\sigma_z^2}{\sigma_z^2+\sigma_\varepsilon^2}B+\beta\bar{z}\Big)^2 - 4B\bar{z}\dfrac{\beta\sigma_z^2}{\sigma_z^2+\sigma_\varepsilon^2} = \Big(\dfrac{\sigma_z^2}{\sigma_z^2+\sigma_\varepsilon^2}B-\beta\bar{z}\Big)^2 \leqslant 0$

所以此时有：

$$B = \frac{\beta\bar{z}\,(\sigma_z^2+\sigma_\varepsilon^2)}{\sigma_z^2} \tag{5.28}$$

此外，易证 Hessian 矩阵满足极大值条件。

将式（5.5）代入式（5.28），即得式（5.8）。

即合同设置为 $EI = \dfrac{\bar{z}\,\sigma_u}{\sigma_z^2}\dfrac{\sqrt{\sigma_z^2+\sigma_\varepsilon^2}}{\sqrt{M+1}}\tilde{v}$ 时，均衡始终存在（仅当 $\tilde{\theta} = -\dfrac{\sigma_\varepsilon^2}{\sigma_z^2}\bar{z}$ 时均衡可能不存在）。

由于 $\Pr\left(\tilde{\theta} = -\dfrac{\sigma_\varepsilon^2}{\sigma_z^2}\bar{z}\right)=0$，因此线性均衡以 1 的概率存在且唯一。

（2）定理 2 证明

求解同定理1，将 $\sigma_\varepsilon^2 = \dfrac{1}{\rho+C}\sigma_z^2$ 代入式（5.5）到式（5.8），整理即得式（5.15）到式（5.18）。因此只需要证明式（5.19）的最优解以概率 1 存在且唯一即可。下面我们对此进行证明。

将式（5.15）到式（5.18）代入式（5.14），可得式（5.19）。

记式（5.19）为 $\Phi(\rho)$，由一阶条件可得：

$$\varphi(\rho) = \frac{a^2\sigma_u}{\sqrt{M+1}(N+2)^2 b}\left(\frac{\sigma_z}{M+2}-\frac{\bar{z}^2}{\sigma_z}\right)\rho - g(\rho)$$
$$+ \frac{a^2\sigma_u}{\sqrt{M+1}(N+2)^2 b}\left(\frac{\sigma_z C}{M+2}-\frac{\bar{z}^2(1+C)}{\sigma_z}\right)=0 \quad (5.29)$$

其中，$g(\rho) = 2k\rho(\rho+C)(1+\rho+C)\sqrt{(\rho+C)(1+\rho+C)} = 2k\rho(\rho+C)^{\frac{3}{2}}(1+\rho+C)^{\frac{3}{2}}$，易知，$g'(\rho)>0$，$g''(\rho)>0$。

对式（5.29）求一阶导可得：

$$\varphi'(\rho) = \frac{a^2\sigma_u}{\sqrt{M+1}(N+2)^2 b}\left(\frac{\sigma_z}{M+2}-\frac{\bar{z}^2}{\sigma_z}\right) - g'(\rho)$$

因为 $\varphi''(\rho) = -g''(\rho)<0$，所以 $\varphi'(\rho)$ 是单调递减函数，进一步有：

$$\varphi'(\rho)\leq\varphi'(0) = \frac{a^2\sigma_u}{\sqrt{M+1}(N+2)^2 b}\left(\frac{\sigma_z}{M+2}-\frac{\bar{z}^2}{\sigma_z}\right) - 2kC^{\frac{3}{2}}(1+C)^{\frac{3}{2}}$$

因为 $\varphi'(0)$ 符号不定，所以需要进行分类讨论。

第一，当 $\varphi'(0) = \dfrac{a^2\sigma_u}{\sqrt{M+1}(N+2)^2 b}\left(\dfrac{\sigma_z}{M+2}-\dfrac{\bar{z}^2}{\sigma_z}\right) - 2kC^{\frac{3}{2}}(1+C)^{\frac{3}{2}}\leq 0$ 时，$\varphi'(\rho)\leq\varphi'(0)\leq 0$，$\varphi(\rho)$ 单调递减。

若 $\varphi(0) = \dfrac{a^2\sigma_u}{\sqrt{M+1}(N+2)^2 b}\left(\dfrac{\sigma_z C}{M+2}-\dfrac{\bar{z}^2(1+C)}{\sigma_z}\right)\leq 0$，则 $\varphi(\rho)\leq 0$ 对

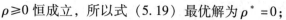

$\rho \geqslant 0$ 恒成立，所以式（5.19）最优解为 $\rho^* = 0$；

若 $\varphi(0) > 0$，由单调性及零点存在定理可知，存在唯一的 $\bar{\rho}_1 > 0$，使得 $\varphi(\bar{\rho}_1) = 0$，又 $\varphi'(\rho) \leqslant 0$，所以式（5.19）在 $\rho = \bar{\rho}_1$ 时取得最大值，即式（5.19）最优解为 $\rho^* = \bar{\rho}_1$。

第二，当 $\varphi'(0) > 0$ 时，由单调性和零点存在定理可知，存在唯一的 $\bar{\rho}_2 > 0$，使得 $\varphi'(\bar{\rho}_2) = 0$。当 $\rho \in [0, \bar{\rho}_2)$ 时，$\varphi'(\rho) > 0$，当 $\rho \in [\bar{\rho}_2, +\infty)$ 时，$\varphi'(\rho) \leqslant 0$，所以 $\varphi(\rho)$ 在 $\rho = \bar{\rho}_2$ 处取得最大值。

若 $\varphi(\bar{\rho}_2) \leqslant 0$，则 $\varphi(\rho) \leqslant 0$ 对 $\rho \geqslant 0$ 恒成立，所以式（5.19）最优解为 $\rho^* = 0$；

若 $\varphi(\bar{\rho}_2) > 0$，当 $\varphi(0) \geqslant 0$ 时，由零点存在定理和单调性可知，存在唯一正根 $\bar{\rho}_3$，使得 $\varphi(\bar{\rho}_3) = 0$，且 $\varphi'(\bar{\rho}_3) < 0$，所以 $\rho^* = \bar{\rho}_3$；当 $\varphi(0) < 0$ 时，由零点存在定理和单调性可知，存在两正根 ρ_1，ρ_2，使得 $\varphi(\rho) = 0$，并且 $\varphi'(\rho_2) < 0$，所以式（5.19）在 ρ_2 处取得极大值，如果 $\Phi(\rho_2) > \Phi(0)$，则式（5.19）最优解为 $\rho^* = \rho_2$，如果 $\Phi(\rho_2) < \Phi(0)$，则式（5.19）最优解为 $\rho^* = 0$，如果 $\Phi(\rho_2) = \Phi(0)$，则式（5.19）最优解为 $\rho^* = \rho_2$ 或 $\rho^* = 0$，此时 $\bar{z}^2$ 随之确定（设为 z），且 $\Pr(\bar{z}^2 = z) = 0$。

综上可得，式（5.19）的最优解以概率 1 存在且唯一，所以均衡以概率 1 存在且唯一。

（3）命题 6 证明

第一步：如果 $C > \dfrac{\delta}{1-\delta}$，此时有 $\dfrac{C}{1+C} > \delta$。

当 $\bar{z}^2 \in \left[0, \dfrac{\sigma_z^2}{M+2}\delta\right)$ 时，有 $\varphi(0) > 0$，$\varphi(\rho)$ 先增后减，由零点存在定理和单调性可知，存在唯一的 $\hat{\rho}$，使得 $\varphi(\hat{\rho}) = 0$，且 $\varphi'(\hat{\rho}) < 0$，所以 $\rho^* = \bar{\rho} > 0$；当 $\bar{z}^2 \in \left(\dfrac{\sigma_z^2}{M+2}\delta, \dfrac{\sigma_z^2}{M+2}\dfrac{C}{1+C}\right)$ 时，有 $\varphi(0) > 0$，$\varphi(\rho)$ 是减函数，同样存在唯一的 $\hat{\rho}$，使得 $\varphi(\hat{\rho}) = 0$，且 $\varphi'(\hat{\rho}) < 0$，所以 $\rho^* = \bar{\rho} > 0$。

当 $\bar{z}^2 \in \left[\dfrac{\sigma_z^2}{M+2}\dfrac{C}{1+C}, +\infty\right)$ 时，有 $\varphi'(\rho) \leqslant 0$，$\varphi(0) \leqslant 0$，所以 $\varphi(\rho) \leqslant 0$，$\rho^* = 0$；

第二步：若 $C \leqslant \dfrac{\delta}{1-\delta}$，此时有 $\dfrac{C}{1+C} \leqslant \delta$。

当 $\bar{z}^2 \in \left[0, \dfrac{\sigma_z^2}{M+2}\dfrac{C}{1+C}\right)$ 时，有 $\varphi(0) > 0$，$\varphi(\rho)$ 先增后减，由零点

存在定理和单调性可知存在唯一的 $\hat{\rho}$，使得 $\varphi(\hat{\rho}) = 0$，且 $\varphi'(\hat{\rho}) < 0$，所以 $\rho^* = \bar{\rho} > 0$。

当 $\bar{z}^2 \in \left[\dfrac{\sigma_z^2}{M+2}\delta, \ +\infty\right)$ 时，同样有 $\varphi'(\rho) \leqslant 0$，$\varphi(0) \leqslant 0$，所以 $\varphi(\rho) \leqslant 0$，$\rho^* = 0$。

综合第一步和第二步可知：

当 $\bar{z}^2 \in \left[0, \dfrac{\sigma_z^2}{M+2}\dfrac{C}{1+C}\right)$ 时，$\rho^* > 0$；当 $\bar{z}^2 \in \left[\max\left(\dfrac{\sigma_z^2}{M+2}\dfrac{C}{1+C}, \dfrac{\sigma_z^2}{M+2}\delta\right), \ +\infty\right)$ 时，$\rho^* = 0$。

（4）命题 7 证明

当 $M \to \infty$ 或 $N \to \infty$ 时，式（5.14）变为：

$$\max_{\rho} \ -\frac{1}{2}k\rho^2$$

易知 $\rho^* = 0$。

（5）命题 8 证明

我们将证明分为两步，第一步先来证明本命题的①②。

首先由式（5.19）的二阶条件，在最优解 ρ^* 处总有：

$$\frac{\partial \varphi}{\partial \rho} = \frac{a^2 \sigma_u}{\sqrt{M+1}(N+2)^2 b}\left(\frac{\sigma_z}{M+2} - \frac{\bar{z}^2}{\sigma_z}\right) - g'(\rho) \leqslant 0$$

然后对于 $\bar{z}^2$，k，σ_z 来说，总有

$$\frac{\partial \varphi}{\partial \bar{z}^2} = -2\bar{z}(1+\rho+C)\frac{a^2 \sigma_u}{\sqrt{M+1}(N+2)^2 b \sigma_z} < 0$$

$$\frac{\partial \varphi}{\partial k} = -2\rho(\rho+C)^{\frac{3}{2}}(1+\rho+C)^{\frac{3}{2}} < 0$$

$$\frac{\partial \varphi}{\partial \sigma_z} = \frac{a^2 \sigma_u}{\sqrt{M+1}(N+2)^2 b}\left[\frac{1+C}{M+2} + \frac{\bar{z}^2(2+C)}{\sigma_z^2}\right] > 0$$

此外，当 $\bar{z}^2 \in \left[0, \dfrac{\sigma_z^2}{M+2}\dfrac{C}{1+C}\right)$ 时，总有

$$\frac{\partial \varphi}{\partial a} = \frac{2a\sigma_u}{\sqrt{M+1}(N+2)^2 b}\left[\left(\frac{\sigma_z}{M+2} - \frac{\bar{z}^2}{\sigma_z}\right)\rho + \frac{\sigma_z C}{M+2} - \frac{\bar{z}^2(1+C)}{\sigma_z}\right] > 0$$

$$\frac{\partial \varphi}{\partial \sigma_u} = \frac{a^2}{\sqrt{M+1}(N+2)^2 b}\left[\left(\frac{\sigma_z}{M+2} - \frac{\bar{z}^2}{\sigma_z}\right)\rho + \frac{\sigma_z C}{M+2} - \frac{\bar{z}^2(1+C)}{\sigma_z}\right] > 0$$

$$\frac{\partial \varphi}{\partial b} = -\frac{a^2 \sigma_u}{\sqrt{M+1}(N+2)^2 b^2}\left[\left(\frac{\sigma_z}{M+2} - \frac{\bar{z}^2}{\sigma_z}\right)\rho + \frac{\sigma_z C}{M+2} - \frac{\bar{z}^2(1+C)}{\sigma_z}\right] < 0$$

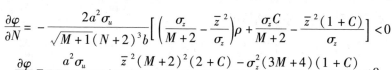

$$\frac{\partial \varphi}{\partial N} = -\frac{2a^2\sigma_u}{\sqrt{M+1}(N+2)^3 b}\left[\left(\frac{\sigma_z}{M+2} - \frac{\bar{z}^2}{\sigma_z}\right)\rho + \frac{\sigma_z C}{M+2} - \frac{\bar{z}^2(1+C)}{\sigma_z}\right] < 0$$

$$\frac{\partial \varphi}{\partial M} = \frac{a^2\sigma_u}{(N+2)^2 b}\cdot\frac{\bar{z}^2(M+2)^2(2+C) - \sigma_z^2(3M+4)(1+C)}{2(M+2)(M+1)^{\frac{3}{2}}\sigma_z} < 0$$

所以由隐函数求导定理可知:

$$\frac{d\rho}{da} > 0, \quad \frac{d\rho}{d\sigma_u} > 0, \quad \frac{d\rho}{d\sigma_z} > 0, \quad \frac{d\rho}{db} < 0, \quad \frac{d\rho}{dk} < 0, \quad \frac{d\rho}{dM} < 0, \quad \frac{d\rho}{dN} < 0, \quad \frac{d\rho}{d\bar{z}^2} < 0$$

即 ρ^* 随 a, σ_z, σ_u 的增加而提高,随 b, k, M, N, $\bar{z}^2$ 的增加而降低,所以本命题的①②成立。

第二步,现在我们来证明本命题的③。

对于 C 而言,

$$\frac{\partial \varphi}{\partial C} = \frac{a^2\sigma_u}{\sqrt{M+1}(N+2)^2 b}\left(\frac{\sigma_z}{M+2} - \frac{\bar{z}^2}{\sigma_z}\right) - f'(C)$$

其中,$f'(C) = 2k\rho\left[\frac{3}{2}(\rho+C)^{\frac{1}{2}}(1+\rho+C)^{\frac{3}{2}} + \frac{3}{2}(\rho+C)^{\frac{3}{2}}(1+\rho+C)^{\frac{1}{2}}\right]$

我们首先研究极限状况下的情况。

当 $C \to 0$ 时,式(5.19)变为:

$$\max_{\rho}\frac{a^2\sigma_z\sigma_u}{(M+2)(N+2)^2 b\sqrt{(M+1)\left(1+\frac{1}{\rho}\right)}} + \frac{\bar{z}^2 a^2\sigma_u}{(N+2)^2\sqrt{M+1}b\sigma_z}\sqrt{1+\frac{1}{\rho}} - \frac{1}{2}k\rho^2$$

$$(5.30)$$

一阶条件变为:

$$\varphi(\rho) = \frac{a^2\sigma_u}{\sqrt{M+1}(N+2)^2 b}\left(\frac{\sigma_z}{M+2} - \frac{\bar{z}^2}{\sigma_z}\right)\rho - g(\rho) - \frac{a^2\sigma_u}{\sqrt{M+1}(N+2)^2 b}\frac{\bar{z}^2}{\sigma_z} = 0$$

容易求得 $\varphi(0) = -\frac{a^2\sigma_u}{\sqrt{M+1}(N+2)^2 b}\frac{\bar{z}^2}{\sigma_z} < 0$

我们记 $\varphi(\rho)$ 的最大值为 $\varphi_{\max}$,根据 $\varphi_{\max}$ 的符号进行分类讨论如下。

当 $\varphi_{\max} \le 0$ 时,此时有 $\varphi(\rho) \le 0$,$\forall \rho$,所以 $\rho^* = 0$。

当 $\varphi_{\max} > 0$ 时,由单调性和零点存在定理可知存在两个正实根 ρ_1,ρ_2,使得 $\varphi(\rho) = 0$,且有 $\varphi'(\rho_2) < 0$。因此(5.30)式在 ρ_2 处取得极大值,记为 K。

对 $\forall K > 0$,存在足够小的 $\delta > 0$,使得当 $\rho \in (0, \delta)$ 时,都有(5.30)式取值大于 K。又 $\rho \in (0, \delta)$ 时,$\varphi'(\rho) < 0$,所以 $\rho^* = 0$。

接下来我们讨论一般的情况。

易知 $f''(C) > 0$，所以 $\dfrac{\partial \varphi}{\partial C}$ 是 C 的减函数，又 $f'(0) = 0$，所以 $\dfrac{\partial \varphi}{\partial C}\Big|_{C=0} > 0$，由单调性和零点存在定理可知 $\dfrac{\partial \varphi}{\partial C}$ 存在唯一的驻点 $\bar{C}$。并且当 $C \in (0,$ $\bar{C})$ 时，$\dfrac{\partial \varphi}{\partial C} > 0$，当 $C \in (\bar{C}, \infty)$ 时，$\dfrac{\partial \varphi}{\partial C} < 0$。又 $\dfrac{\partial \varphi}{\partial \rho} \leqslant 0$，所以当 $C \in (0,$ $\bar{C})$ 时，$\dfrac{\mathrm{d}\rho}{\mathrm{d}C} > 0$，当 $C \in (\bar{C}, \infty)$ 时，$\dfrac{\mathrm{d}\rho}{\mathrm{d}C} < 0$，即 ρ^* 随 C 的增加先提高后降低，所以本命题的③也成立。

(6) 命题 9 证明

对于 a，σ_u，b，k，M，N，$\bar{z}^2$ 而言，当公司价值比较小时，由命题 8 可知，经理人获取信息的最优努力程度 ρ^*，随 a，σ_u 的增加而提高，随 b，k，M，N，$\bar{z}^2$ 的增加而降低。又由式（5.15）可知，β 随 ρ^*，σ_u 的增加而提高，随 M 的增加而降低。所以 β 随着 a，σ_u 的提高而提高，随着 b，k，M，N，$\bar{z}^2$ 的提高而降低。

然而对于 C 而言，

$$\frac{\mathrm{d}\rho}{\mathrm{d}C} = -\frac{\dfrac{a^2\sigma_u}{\sqrt{M+1}(N+2)^2 b}\left(\dfrac{\sigma_z}{M+2} - \dfrac{\bar{z}^2}{\sigma_z}\right) - f'(C)}{\dfrac{a^2\sigma_u}{\sqrt{M+1}(N+2)^2 b}\left(\dfrac{\sigma_z}{M+2} - \dfrac{\bar{z}^2}{\sigma_z}\right) - g'(\rho)}$$

因为 $f'(C) < g'(\rho)$，所以 $\left|\dfrac{\mathrm{d}\rho}{\mathrm{d}C}\right| < 1$，则 $\dfrac{\mathrm{d}\rho}{\mathrm{d}C} + \mathrm{d}C > 0$，由式（5.15）可知 β 随着 C 的增加而增加。

(7) 命题 10 证明

对于 a，σ_z，b，k，M，N，$\bar{z}^2$ 而言，当公司价值较小时，由命题 8 可知，经理人获取信息的最优努力程度 ρ^*，随 a，σ_z 的增加而提高，随 b，k，M，N，$\bar{z}^2$ 的增加而增加。又由式（5.17）可知，市场深度 $\left(\dfrac{1}{\lambda}\right)$ 随 a，σ_z，ρ^* 的增加而降低，随 b，M，N 的增加而增加。所以市场深度随 a，σ_z 的增加而降低，随 b，k，M，N，$\bar{z}^2$ 的增加而增加。

然而对于 C 而言，因为 $\dfrac{\mathrm{d}\rho}{\mathrm{d}C} + \mathrm{d}C > 0$，由式（5.17）可知市场深度随着 C 的增加而降低。

（8） 命题 11 证明

对于 a，σ_z，b，k，N，$\bar{z}^2$ 而言，当公司价值比较小时，由命题 8 可知，经理人获取信息的最优努力程度 ρ^*，随 a，σ_z 的增加而提高，随 b，k，N，$\bar{z}^2$ 的增加而降低。又由式（5.18）可知，公司合同中的股权份额 B 随 ρ^* 的增加而降低。所以公司合同中的股权份额 B 随 a，σ_z 的增加而降低，随 b，k，N，$\bar{z}^2$ 的增加而增加。

然而对于 C 而言，因为 $\dfrac{\mathrm{d}\rho}{\mathrm{d}C} + \mathrm{d}C > 0$，由式（5.18）可知公司合同中的股权份额 B 随着 C 的增加而降低。

（9） 命题 12 证明

对于 a，σ_u，σ_z，b，k，N，$\bar{z}^2$ 而言，当公司价值比较小时，由命题 8 可知，经理人获取信息的最优努力程度 ρ^*，随 a，σ_u，σ_z 的增加而提高，随 b，k，N，$\bar{z}^2$ 的增加而降低。又由式（5.20）可知价格有效性随 ρ^* 的增加而降低。所以价格有效性随 a，σ_z 的增加而降低，随 b，k，M，N，$\bar{z}^2$ 的增加而增加。

然而对于 C 而言，因为 $\dfrac{\mathrm{d}\rho}{\mathrm{d}C} + \mathrm{d}C > 0$，由式（5.20）可知价格有效性随着 C 的增加而增加。

参 考 文 献

[1] 刘晓峰，曹华．"肥猫"，股价与市场均衡：一个理论模型 [J].
经济学（季刊），2010，10（1）：209 - 226.

[2] 刘晓峰．内幕交易监管效率与上市公司高管薪酬——一个理论模型 [J]．经济学（季刊），2013，11（4）：265 - 286.

[3] 缪新琼，邹恒甫．内部交易者的交易行为分析 [J]．世界经济，2004，39（11）：16 - 22.

[4] 张新，祝红梅．内幕交易的经济学分析 [J]．经济学（季刊），2003，3（1）：72 - 96.

[5] Admati A.. A Noisy Rational Expectations Equilibrium for Multi - Asset Securities Markets [J]. Econometrical, 1985, 53: 629 - 657.

[6] Admati A. R. , Pfleiderer P.. A theory of intraday patterns: Volume and price variability [J]. Review of Financial Studies, 1988, 1: 3 - 40.

[7] Alti A. , Tetlock P. C.. Biased beliefs, asset prices, and investment: a structural approach [J]. The Journal of Finance, 2014, 69: 325 - 361.

[8] Ausubel L. M.. Insider trading in a rational expectations economy [J]. The American Economic Review, 1990: 1022 - 1041.

[9] Back K. , Cao H. , Willard G.. Imperfect competition among informed traders [J]. Journal of Finance, 2000, 55: 2117 - 2155.

[10] Backus D. , D. Kehoe, F. Kydland. International Real Business Cycles [J]. Journal of Political Economy, 1992, 100: 745 - 775.

[11] Baig T. , I. Goldfajn. Financial Market Contagion in the Asian Crisis [R]. IMF Staff Papers, 1999, 46: 167 - 195.

[12] Benos A. V.. Aggressiveness and survival of overconfident traders [J]. The Journal of Financial Markets, 1998, 1: 353 - 383.

[13] Bekaert G. , C. Harvey, A. Ng.. Market Integration and Contagion

[J]. Journal of Business, 2005, 75: 39 – 69.

[14] Bowden R. , V. Martin. International Business Cycles and Financial Integration [J]. Review of Economics and Statistics, 1995, 77: 305 – 320.

[15] Caballé J. , Sákovics J. . Speculating against an overconfident market [J]. The Journal of Financial Markets, 2003, 6: 199 – 225.

[16] Cao H. H. , Ma Y. . Trade disclosure and imperfect competition among insiders [R]. University of California – Berkeley Working Paper, 1999.

[17] Cochrane J. F. , Longstaff, P. Santa – Clara. Two Trees: Asset Price Dynamics Induced by Market Clearing [R]. Working Paper, University of Chicago, 2003.

[18] Daher W. , Mirman L. J. . Market structure and insider trading. International [J]. Review of Economics & Finance, 2007, 16: 306 – 331.

[19] Daher W. , Mirman L. J. . Cournot duopoly and insider trading with two insiders [J]. The Quarterly Review of Economics and Finance, 2006, 46: 530 – 551.

[20] Daniel K. , Hirshleifer D. , Subrahmanyam. Investor psychology and security market under-and overreactions [J]. The Journal of Finance, 1998, 53: 1839 – 1885.

[21] Das S. , R. Sundaram. Fee Speech: Signalling, Risk – Sharing, and the Impact of Fee Structures on Investor Welfare [J]. Review of Financial Studies, 2002, 15: 1465 – 1497.

[22] Dow J. , Rahi R. . Informed Trading, Investment, and Welfare [J]. The Journal of Business, 2003, 76: 439 – 454.

[23] Foster F. D. , Viswanathan S. . Strategic trading with asymmetrically informed traders and long-lived information [J]. Journal of Financial and Quantitative Analysis, 1994, 29: 499 – 518.

[24] Foster F. D. , Viswanathan S. . Strategic trading when agents forecast the forecasts of others [J]. The Journal of Finance, 1996, 51: 1437 – 1478.

[25] Garcia D. , Sangiorgi F. , Urosevic B. . Overconfidence and market efficiency with heterogeneous agents [J]. Journal Economic Theory, 2007, 30: 313 – 336.

[26] Gervais S. , Odean T. . Learning to be overconfidence [J]. The Review of Financial Studies, 2001, 14: 1 – 27.

［27］ Glaser M. , Weber M.. Overconfidence and trading volume ［J］. Geneva Risk and Insurance Review, 2007, 32: 1 – 36.

［28］ Goldstein I. , Yang L.. Information diversity and complementarities in trading and information acquisition ［J］. The Journal of Finance, 2014: 1723 – 1765.

［29］ Gottardi P. , Serrano R.. Market power and information revelation in dynamic trading ［J］. Journal of the European Economic Association, 2005, 3: 1279 – 1317.

［30］ Grossman S. J. , Stiglitz J. E.. On the impossibility of informationally efficient markets ［J］. The American Economic Review, 1980: 393 – 408.

［31］ Helpman E. , A. Razin. A Theory of International Trade Under Uncertainty ［M］. Academic Press, New York, 1978.

［32］ Hirshleifer D. , Luo G. Y.. On the survival of overconfident traders in a competitive securities market ［J］. The Journal of Financial Markets, 2001, 4: 73 – 84.

［33］ Holden C. W. , Subrahmanyam A.. Long-lived private information and imperfect competition ［J］. The Journal of Finance, 1992, 47: 247 – 270.

［34］ Huddart S. , Hughes J. S. , Levine C. B.. Public disclosure and dissimulation of insider trades ［J］. Econometrica, 2001, 69: 665 – 681.

［35］ Jain N. Mirman L. J.. Real and financial effects of insider trading with correlated signals ［J］. Economic Theory, 2000, 16: 333 – 353.

［36］ Jain N. , Mirman L. J.. Effects of insider trading under different market structures ［J］. The Quarterly Review of Economics and Finance, 2003, 42: 19 – 39.

［37］ Kaminsky G. , C. Reinhart. On Crises, Contagion, and Confusion ［J］. Journal of International Economics, 2000, 51: 145 – 168.

［38］ Kaminsky G. , C. Reinhart, C. Vegh. The Unholy Trinity of Financial Contagion ［J］. Journal of Economic Perspectives, 2003, 17: 51 – 74.

［39］ Kyle A. S. , Wang F. A.. Speculation duopoly with agreement to disagree: can overconfidence survive the market test? ［J］. The Journal of Finance, 1997, 52: 2073 – 2090.

［40］ Kihlstrom R. E. , Mirman L. J.. Information and market equilibrium

[J]. The Bell Journal of Economics, 1975: 357 – 376.

[41] Kyle A. S.. Continuous auctions and insider trading [J]. Econometrica, 1985, 53: 1315 – 1335.

[42] Kyle A. S. , Ou – Yang H. , Wei B.. A model of portfolio delegation and strategic trading [J]. Review of Financial Studies, 2011: 1 – 35.

[43] Leland H. E.. Insider trading: Should it be prohibited? [J]. Journal of Political Economy, 1992: 859 – 887.

[44] Manove M.. The harm from insider trading and informed speculation [J]. The Quarterly Journal of Economics, 1989: 823 – 845.

[45] Odean T.. Volume, volatility, price, and profit when all traders are above average [J]. The Journal of Finance, 1998, 53: 1887 – 1934.

[46] Paolo Pasquariello. Imperfect Competition, Information Heterogeneity, and Financial Contagion [J]. The Review of Financial Studies, 2006, 82: 391 – 426.

[47] Rondina G. , Shim M.. Financial prices and information acquisition in large Cournot markets [J]. Journal of Economic Theory, 2015: 769 – 786.

[48] Statman M. , Thorley S. , Vorkink K.. Investor overconfidence and trading volume. The Review of Financial Studies, 2006, 19: 1531 – 1565.

[49] Shapley L. , Shubik M.. Trade using one commodity as a means of payment [J]. Journal of Political Economy, 1977, 85: 937 – 968

[50] Wang F. A.. Strategic trading, asymmetric information and heterogeneous prior beliefs [J]. Journal of Financial Markets, 1998, 1: 321 – 352.

[51] Weinstein J. , Yildiz Y.. Impact of higher-order uncertainty [J]. Games and Economic Behavior, 2007, 60: 200 – 212.

[52] Zhou D.. Overconfidence on public information [J]. Economics Letters, 2011, 112: 239 – 242.

[53] Zhou D.. The virtue of overconfidence when you are not perfectly informed [J]. Economic Modelling, 2015, 47: 105 – 110.

N